더 이상 말이 필요없는

독학 日本語
일본어
VOCA
[개정판]

더 이상 말이 필요없는

독학 일본어 VOCA (개정판)

2011년 7월 7일 초판 1쇄 발행
2024년 7월 5일 개정 1쇄 인쇄
2024년 7월 10일 개정 1쇄 발행

지은이 국제어학연구소 일본어학부
감수 한정화
펴낸이 이규인
펴낸곳 국제어학연구소 출판부
책임편집 문성원
편 집 김정은·진정수·유정옥
표지 디자인 임원숙
편집 디자인 임원숙·김미경

출판등록 2010년 1월 18일 제302-2010-000006호
주소 서울특별시 마포구 대흥로4길 49, 1층(용강동 월명빌딩)
Tel (02) 704-0900 **팩시밀리** (02) 703-5117
홈페이지 www.bookcamp.co.kr
e-mail changbook1@hanmail.net

ISBN 979-11-9875877-4 13730
정가 14,000원

더 이상 말이 필요없는

독학 日本語
일본어
VOCA
[개정판]

국제어학연구소 일본어학부 **엮음**
한정화 **감수**

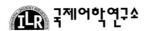

국제어학연구소

한 나라의 언어를 습득한다는 것은 그리 만만한 일이 아닙니다. 그래서 대부분의 많은 사람들이 외국어 도전에 나섰다가 실패하는 것 같습니다.

일본은 지리적으로나 국가 간의 관계로 보아 우리와는 뗄래야 뗄 수가 없는 나라입니다. 더군다나 문화개방이 이루어진 이후에는 이전과는 다르게 활발한 교류가 이루어지고 있습니다.

이런저런 이유로 의사소통의 필요성은 더욱 더 커지고 있는 실정이지요.

일본어는 우리와 같은 한자문화권인데다 어순도 같은지라 언뜻 느끼기에는 배우기 쉬운 언어입니다. 하지만 그래도 외국어임에는 틀림이 없고 아니, 어떤 면에 있어서는 새로운 단어를 하루가 다르게 쏟아내는 일본인들의 문화적 특색 탓에 골머리를 썩게 되는 경우도 다반사입니다.

한마디로 어떤 언어일지라도 외국어 학습에 왕도란 있을 수 없습니다. 그저 꾸준히 노력하고 정진하는 수밖에 없지요.

초보자가 기초적인 문형들을 익히고 난 뒤에 느끼게 되는 것이 있다면 어휘력의 부족을 들 수 있습니다. 일본어의 경우에는 한자를 어느 정도 익히고나면 이런 문제들이 해결이 됩니다.

이 책은 이런 일본어 어휘 습득의 문제를 조금이나마 해결하고자 만들어진 교재입니다. 기초적인 동사·형용사·명사를 조금씩 나누어 예문과 함께 차근차근 공부할 수 있도록 하였으며 더불어 회화표현 시에 쓰이는 어체라든지 관용구 등을 익힘으로써 일본어 학습을 증진시키게끔 하였습니다.

일본어의 기초를 습득하신 분들이라면 누구나 쉽게 공부할 수 있도록 꾸몄으며 각 단어마다 예문을 수록하여 단어의 활용도를 높였습니다.

외국어 학습에 개인차는 있겠지만 여러 번, 꾸준히 반복하다 보면 소기의 목적을 이룰 수 있으리라 봅니다.

끝으로 이 책이 나오기까지 애써주신 국제어학연구소 여러분들에게 감사드리며 독자 분들의 성공적인 일본어 학습을 기원합니다.

감수 한정화

이 책의 구성

Part 1

1. 1달만에 익히는 일본어 voca

외국어를 하는데 있어서 절대적으로 중요한 것이 어휘력, 단기간에 가장 쓰임이 많은 어휘를 습득할 수 있도록 체계적으로 수록하였습니다.

2. 주요 어휘

앞에서 미진했던 부분의 어휘 약 100개를 실어놓았습니다.

Part 2

1. 관용어구

독해를 하거나 작문을 할 때 매우 유용한 관용어구들을 실어놓음으로써 일본어를 한층 깊이 이해할 수 있도록 하였습니다.

2. 알아듣기 힘든 회화체

40개의 회화체 익히기를 통해 보다 쉽게 일본어 회화에 접근하여 실력을 쌓을 수 있도록 하였습니다.

3. 생활용어

일상 생활에서 유용한 단어 중 가장 사용 빈도가 높은 단어들을 주제별로 묶어 수록하였습니다.

본문의 단어를 모두 담았어요. 필요할 때 찾기 쉽게 한글 '가나다…'순으로 구성한 실용적인 학습 도우미랍니다.

Part 01-1 1달만에 익히는 일본어 voca

차례

히라가나(ひらがな)

あ 아[a]	い 이[i]	う 우[u]	え 에[e]	お 오[o]
か 카[ka]	き 키[ki]	く 쿠[ku]	け 케[ke]	こ 코[ko]
さ 사[sa]	し 시[si]	す 스[su]	せ 세[se]	そ 소[so]
た 타[ta]	ち 치[chi]	つ 츠[tsu]	て 테[te]	と 토[to]
な 나[na]	に 니[ni]	ぬ 누[nu]	ね 네[ne]	の 노[no]
は 하[ha]	ひ 히[hi]	ふ 후[hu]	へ 헤[he]	ほ 호[ho]
ま 마[ma]	み 미[mi]	む 무[mu]	め 메[me]	も 모[mo]
や 야[ya]		ゆ 유[yu]		よ 요[yo]
ら 라[ra]	り 리[ri]	る 루[ru]	れ 레[re]	ろ 로[ro]
わ 와[wa]				を 오[wo]
ん 응[ŋ]				

카타카나(カタカナ)

ア	イ	ウ	エ	オ
아[a]	이[i]	우[u]	에[e]	오[o]
カ	キ	ク	ケ	コ
카[ka]	키[ki]	쿠[ku]	케[ke]	코[ko]
サ	シ	ス	セ	ソ
사[sa]	시[si]	스[su]	세[se]	소[so]
タ	チ	ツ	テ	ト
타[ta]	치[chi]	츠[tsu]	테[te]	토[to]
ナ	ニ	ヌ	ネ	ノ
나[na]	니[ni]	누[nu]	네[ne]	노[no]
ハ	ヒ	フ	ヘ	ホ
하[ha]	히[hi]	후[hu]	헤[he]	호[ho]
マ	ミ	ム	メ	モ
마[ma]	미[mi]	무[mu]	메[me]	모[mo]
ヤ		ユ		ヨ
야[ya]		유[yu]		요[yo]
ラ	リ	ル	レ	ロ
라[ra]	리[ri]	루[ru]	레[re]	로[ro]
ワ				ヲ
와[wa]				오[wo]
ン				
응[ŋ]				

독학 일본어 VOCA

Part 01

1. 1달만에 익히는 일본어 voca

2. 주요 어휘

1

Vocabulary

Part 01

1
1달만에 익히는
일본어 voca

Day 01

---

001 多(おお)い 오-이 **많다**

中国は 人が 多いです。
ちゅうごく ひと おお

츄-고꾸와 히또가 오-이데스
중국은 사람이 많습니다.

---

002 少(すく)ない
스꾸나이 **적다**

少ない 量でも かまいません。
すく りょう

스꾸나이 료-데모 카마이마셍
적은 양이라도 괜찮습니다.

---

003 大(おお)きい 오-까- **크다**

わたしには 大きい 子供が います。
おお こども

와따시니와 오-까- 코도모가 이마스
나에게는 큰 아이가 있습니다.

---

004 小(ちい)さい
치-사이 **작다**

私の 部屋は 小さいです。
わたし へや ちい

와따시노 헤야와 치-사이데스
내 방은 작습니다.

---

005 重(おも)い 오모이 **무겁다**

荷物の 中で 本が 一番 重いです。
に もつ なか ほん いちばん おも

니모쯔노 나까데 홍가 이찌방 오모이데스
짐 중에 책이 가장 무겁습니다.

---

006 軽(かる)い 카루이 | 가볍다

この 製品は 小さくて、軽いです。
せいひん　ちい　　　　　　かる

코노　세-힝와　치이사꾸떼　카루이데스

이 제품은 작고 가볍습니다.

007 強(つよ)い 츠요이 | 강하다

アキヤマさんは 強い 選手です。
つよ　せんしゅ

아끼야마상와　츠요이　센슈데스

아끼야마 씨는 강한 선수입니다.

008 正(ただ)しい 타다시- | 바르다

礼儀正しい 人に なりたいです。
れいぎただ　ひと

레-기다다시-　히또니　나리따이데스

예의 바른 사람이 되고 싶습니다.

009 好(す)きだ 스끼다 | 좋아하다

日本料理の 中で すき焼きが 一番
にほんりょうり　なか　や　いちばん

니혼료-리노　나까데　스끼야끼가　이찌방

好きです。
す

스끼데스

일본요리 중에 전골이 가장 좋습니다.

010 嫌(きら)いだ 키라이다 | 싫다

特別に 嫌いな 食べ物は ありません。
とくべつ　きら　た　もの

토꾸베쯔니 키라이나　타베모노와　아리마셍

특별히 싫어하는 음식은 없습니다.

011 **上手(じょうず)だ** 잘하다
죠-즈다

イさんは 日本語(にほんご)が 上手(じょうず)です。
이상와　니홍고가　죠-즈데스
이 씨는 일본어를 잘합니다.

012 **下手(へた)だ** 서투르다
헤따다

わたしは スポーツが 下手(へた)です。
와따시와　스포-츠가　헤따데스
나는 스포츠를 잘 못합니다.

013 **朗(ほが)らかだ** 명랑하다
호가라까다

渡辺(わたなべ)さんは 朗(ほが)らかな 人(ひと)です。
와따나베상와　호가라까나　히또데스
와타나베 씨는 명랑한 사람입니다.

014 **のどかだ** 노도까다 화창하다

のどかな ひよりです。
노도까나　히요리데스
화창한 날씨입니다.

015 **新(あら)ただ** 새롭다
아라따다

新(あら)たな 方法(ほうほう)が 開発(かいはつ)されました。
아라따나　호-호-가　카이하쯔사레마시따
새로운 방법이 개발되었습니다.

016 **確(たしか)だ** 확실하다
타시까다

確(たしか)な 証拠(しょうこ)が あります。
타시까나　쇼-꼬가　아리마스
확실한 증거가 있습니다.

017 行(い)く 이꾸 | 가다

7時まで 行かなければ なりません。
시찌지마데 이까나께레바 나리마셍
7시까지 가지 않으면 안 됩니다.

018 来(く)る 쿠루 | 오다

中国から 来た 客。
츄-고꾸까라 키따 캬꾸
중국에서 온 손님.

019 ある 아루 | 있다

あした あさ 9時から テストが あります。
아시따 아사 쿠지까라 테스토가 아리마스
내일 아침 9시부터 테스트가 있습니다.

020 する 스루 | 하다

朝から 晩まで 熱心に 勉強します。
아사까라 밤마데 넷신니 벵꾜- 시마스
아침부터 밤까지 열심히 공부합니다.

021 思(おも)う 오모- | 생각하다

彼を 思いながら 手紙を 書きました。
카레오 오모이나가라 테가미오 카끼마시따
그를 생각하면서 편지를 썼습니다.

022 読(よ)む 요무 | 읽다

新聞を 読みながら ご飯を 食べます。
심붕오 요미나가라 고항오 타베마스
신문을 읽으면서 밥을 먹습니다.

023 　見(み)る　미루　보다

24ページを 見て ください。

니쥬-욘페-지오　미떼　구다사이

24페이지를 봐 주세요.

024 　食(た)べる　타베루　먹다

私は 朝 ご飯を 食べます。

와따시와 아사 고항오　타베마스

나는 아침에 밥을 먹습니다.

 살아 있는 일본어

折り返し　오리까에시　~하는 즉시

그대로 해석하면「되돌아 꺾어감, 되짚어 감」정도가 되려나,
의역하면「~하자마자 곧」의 쓰입니다.

折り返し電話 お願いします。　받는 즉시 전화 주세요.

오리까에시뎅와　　　오네가이시마스

Day 02

월　일　요일

---

025 **近(ちか)い** 치까이　｜가깝다

駅まで 近いですか、遠いですか。
에끼마데　치까이데스까　　토-이데스까
역까지 가깝습니까? 멉니까?

---

026 **遠(とお)い** 토-이　｜멀다

あまり 遠く ありません。
아마리　토-꾸　아리마셍
그다지 멀지 않습니다.

---

027 **赤(あか)い** 아까이　｜빨갛다

赤い 靴下
아까이　쿠쯔시따
빨간 구두

---

028 **青(あお)い** 아오이　｜파랗다

青い りんごが 赤い りんごより おいしいです。
아오이　링고가　　아까이　링고요리　　오이시-데스
파란 사과가 빨간 사과보다 맛있습니다.

---

029 **おいしい** 오이시-　｜맛있다

この 店は ラーメンが おいしいです。
코노　미세와　라-멩가　　오이시-데스
이 가게는 라면이 맛있습니다.

---

030 **まずい** 마즈이 | 맛없다

<ruby>給食<rt>きゅうしょく</rt></ruby>は とても まずいです。
큐-쇼꾸와　토떼모　마즈이데스
급식은 너무 맛이 없습니다.

031 **いそがしい**
이소가시- | 바쁘다

ビジネスで とても いそがしいです。
비지네스데　토떼모　이소가시-데스
비즈니스로 매우 바쁩니다.

032 **美(うつく)しい**
우쯔꾸시- | 아름답다

<ruby>小林<rt>こばやし</rt></ruby>さんの <ruby>庭<rt>にわ</rt></ruby>は <ruby>木蓮<rt>もくれん</rt></ruby>が うつくしいです。
코바야시상노　니와와　모꾸렝가　우쯔꾸시-데스
고바야시 씨의 정원은 목련이 아름답습니다.

033 **うらやましい**
우라야마시- | 부럽다

<ruby>山田<rt>やまだ</rt></ruby>さんの <ruby>成績<rt>せいせき</rt></ruby>が うらやましい。
야마다상노　세-세끼가　우라야마시-
야마다 씨의 성적이 부럽다.

034 **おそろしい**
오소로시- | 두렵다

おそろしい <ruby>映画<rt>えいが</rt></ruby>を <ruby>見<rt>み</rt></ruby>て <ruby>夜<rt>よ</rt></ruby>を <ruby>明<rt>あ</rt></ruby>かした。
오소로시-　에-가오　미떼　요-　아까시따
무서운 영화를 보고 밤을 새웠다.

035 **まじめだ** 마지메다 | 성실하다, 진실하다

<ruby>松本<rt>まつもと</rt></ruby>さんは まじめな <ruby>人<rt>ひと</rt></ruby>です。
마쯔모또상와　마지메나　히또데스
마츠모토 씨는 성실한 사람입니다.

036 暇(ひま)だ　히마다　　한가하다

暇な 時間に 運動を します。
_{ひま} _{じ かん} _{うん どう}
히마나 지깐니　운도-오　　시마스
한가로운 시간에 운동을 합니다.

037 同(おな)じだ　　같다
오나지다

山本さんとは 同じ 会社に 勤めて います。
_{やまもと} _{おな} _{かいしゃ} _{つと}
야마모또상와　오나지 카이샤니 츠또메떼　이마스
야마모토 씨와는 같은 회사에 근무하고 있습니다.

038 幸(しあわ)せだ　　행복하다, 운이 좋다
시아와세다

ユリさんは 日本で 幸せな 生活を
_{に ほん} _{しあわ} _{せいかつ}
유리상와　니혼데　시아와세나 세-까쯔오

して います。
시떼　　이마스
유리 씨는 일본에서 행복한 생활을 하고 있습니다.

039 素直(すなお)だ　　솔직하다
스나오다

高校生の 時 素直な 子だった。
_{こうこう せい} _{とき} _{すなお} _こ
코-꼬-세-노　토끼　스나오나　코닷따
고교시절 순진한 아이였다.

040 愚(おろ)かだ　　어리석다
오로까다

愚かな 考えは しては いけません。
_{おろ} _{かんが}
오로까나　캉가에와　시떼와　이께마셍
어리석은 생각은 해서는 안 됩니다.

041 幸(さいわ)いだ
사이와이다

다행이다

さいわい たいした 問題は なかった。
사이와이　　타이시따　　몬다이와　　나갓따
다행히 큰 문제는 없었다.

042 巧(たく)みだ
타꾸미다

교묘하다

いろいろの たくみが ある。
이로이로노　　타꾸미가　　아루
여러 계략이 있다.

살아 있는 일본어

ちゅう・じゅう 쮸-·쥬- ~하는 중·~내내

~中 은 ちゅう와 じゅう 두 가지로 읽히는 데 그 차이는 다음과 같습니다.

- **ちゅう**: 그 범위 내를 뜻합니다.
- **じゅう**: 앞말의 처음부터 끝까지를 가리킵니다.

会議中: 회의 중　　一日中: 온종일

월　일　요일

---

043 広(ひろ)い　히로이　| 넓다

この アパートは 居間が 広いです。
코노　아파-토와　이마가　히로이데스
이 아파트는 거실이 넓습니다.

---

044 狭(せま)い　세마이　| 좁다

狭い 事務室で 研究を して います。
세마이 지무시쯔데　켕규-오　시떼 이마스
좁은 사무실에서 연구를 하고 있습니다.

---

045 早(はや)い　하야이　| 빠르다

今 寝るには あまりに はやい 時間です。
이마 네루니와　아마리니　하야이　지깐데스
지금 자기에는 너무 빠른 시간입니다.

---

046 遅(おそ)い　오소이　| 느리다

彼は 足が 遅くて いらいらする。
카레와 아시가 오소꾸떼　이라이라스루
그는 걸음이 느려서 짜증이 난다.

---

047 明(あか)るい
아까루이　| 밝다

わたしは 明るい 色が 好きです。
와따시와　아까루이　이로가　스끼데스
나는 밝은 색을 좋아합니다.

---

048 **暗(くら)い** 쿠라이 **어둡다**

暗い 性格の 人は きらいです。
쿠라이 세-까꾸노 히또와 키라이데스
어두운 성격인 사람은 싫습니다.

049 **良(よ)い** 요이 **좋다**

今 行っても いいです。
이마 잇떼모　　　 이-데스
지금 가도 좋습니다.

050 **清(きよ)い** 키요이 **깨끗하다**

吉田先生は 心の 清い 人です。
요시다센세-와　　 코꼬로노 키요이 히또데스
요시다 선생님은 청렴결백한 사람입니다.

051 **むちゃだ** 무짜다 **터무니없다**

むちゃに 高いです。
무짜니　　　 타까이데스
터무니없이 비쌉니다.

052 **主(おも)だ** 오모다 **중요하다**

主な 問題だけを かいつまんで 質問する。
오모나 몬다이다께오　 카이츠만데　　 시쯔몬스루
주요한 문제만을 간추려서 질문하다.

053 **わがままだ**
와가마마다

제멋대로다

わがままな 人は きらいです。
와가마마나　　 히또와 키라이데스
제멋대로인 사람은 싫습니다.

054 派手(はで)だ 화려하다
하데다

彼女は 派手な 色が よく 似合う。
かのじょ　はで　いろ　　　　にあ
카노죠와 하데나 이로가 요꾸 니아우
그녀는 화려한 색이 잘 어울린다.

055 けちだ 케찌다 인색하다

けちを するな。
케찌오 스루나
쩨쩨하게 굴지 마.

056 だめだ 다메다 소용없다

まだ うごいては だめです。
마다 우고이떼와 다메데스
아직 움직여서는 안 됩니다.

057 使(つか)う 츠까우 사용하다

頭を 使って 解決する。
あたま　つか　　かいけつ
아따마오 츠갓떼 카이께쯔스루
머리를 써서 해결하다.

058 切(き)れる 키레루 끊어지다

電球が 切れる。
でんきゅう　き
뎅뀨-가 키레루
전구가 끊어지다.(나가다)

059 負(お)う 오- 지다, 입다

体育時間に 傷を 負う。
たいいくじかん　きず　お
타이이꾸지깐니 키즈오 오-
체육시간에 상처를 입다.

060 殺(ころ)す 코로스 | 죽이다

こえ
声を ころして 話して ください。
코에오 코로시떼　하나시떼　구다사이
소리를 죽여 말해 주세요.

061 折(お)れる 오레루 | 부러지다, 접히다

ほね　お　びょういん　い
骨が 折れて 病院へ 行きました。
호네가 오레떼　뵤-잉에　이끼마시따
뼈가 부러져서 병원에 갔었습니다.

062 落(お)ちる 오찌루 | 떨어지다

し けん　お
試験に 落ちる。
시껜니　오찌루
시험에 떨어지다.

063 見(み)える 미에루 | 보이다

せき　み
その 席では よく 見えません。
소노　세끼데와　요꾸　미에마셍
그 자리에서는 잘 보이지 않습니다.

064 現(あらわ)れる
아라와레루 | 나타나다, 드러내다

て がみ　あらわ
手紙に よく 現れて います。
테가미니　요꾸　아라와레떼 이마스
편지에 잘 나타나 있습니다.

---

065 **あたたかい**
아따따까이

따뜻하다

はる
春は あたたかいです。
하루와　아따따까이데스
봄은 따뜻합니다.

---

066 **かわいい** 카와이-

귀엽다

かわいい こいぬが ほしいです。
카와이-　　코이누가　　호시-데스
귀여운 강아지를 갖고 싶습니다.

---

067 **深(ふか)い** 후까이

깊다

かれ　　しりょ　　ふか
彼は 思慮が 深いです。
카레와　시료가　　후까이데스
그는 사려가 깊습니다.

---

068 **低(ひく)い** 히꾸이

낮다

やま　　のぼ
ひくい 山は 登りやすい。
히꾸이　야마와 노보리야스이
낮은 산은 오르기 쉽다.

---

069 **すごい** 스고이

굉장하다

こ　とし　　　　　　あつ
今年は すごく 暑いです。
코또시와　스고꾸　　아쯔이데스
올해는 지독히 덥습니다.

---

070 うるさい 우루사이 | 시끄럽다

<ruby>外<rt>そと</rt></ruby>が うるさくて <ruby>眠<rt>ねむ</rt></ruby>れません。

소또가 우루사꾸떼　네무레마셍

밖이 시끄러워서 잘 수가 없습니다.

071 くるしい 쿠루시— | 괴롭다

<ruby>聞<rt>き</rt></ruby>き<ruby>苦<rt>ぐる</rt></ruby>しい <ruby>話<rt>はなし</rt></ruby>は しないで ください。

키끼구루시—　하나시와 시나이데　구다사—

듣기 힘든 말은 하지 말아 주십시오.

072 睨(にら)む 니라무 | 쏘아보다, 노려보다

<ruby>目<rt>め</rt></ruby>をむいて <ruby>相手<rt>あいて</rt></ruby>を <ruby>睨<rt>にら</rt></ruby>む。

메오무이데　아이테오　니라무

눈을 부라리고 상대를 노려보다.

073 豊(ゆた)かだ 유따까다 | 풍부하다

<ruby>彼女<rt>かのじょ</rt></ruby>は ピアノに <ruby>豊<rt>ゆた</rt></ruby>かな <ruby>才能<rt>さいのう</rt></ruby>が ある。

카노죠와　피아노니　유따까나　사이노—가 아루

그녀는 피아노에 풍부한 재능이 있다.

074 勝手(かって)だ 캇떼다 | 제멋대로다

<ruby>勝手<rt>かって</rt></ruby>に ふるまっては いけません。

캇떼니　후루맛테와　이께마셍

제멋대로 행동해서는 안 됩니다.

075 あきらかだ 아끼라까다 | 밝다, 분명하다

この ゲームの <ruby>勝負<rt>しょうぶ</rt></ruby>は あきらかです。

코노　게—무노　쇼—부와　아끼라까데스

이 게임의 승부는 뻔합니다.

076 **速(すみ)やかだ** 빠르다
스미야까다

すみやかに 処理(しょり)して ください。
스미야까니　쇼리시떼　　구다사이
신속히 처리해 주십시오.

077 **ささやかだ** 사소하다, 변변치 못하다
사사야까다

ささやかな 料理(りょうり)だけど どうぞ。
사사야까나　로-리다께도　　도-조
변변찮은 요리지만 드십시오.

078 **そっくりだ** 꼭 닮다
솟꾸리다

ユリさんは 母親(はは)(おや)に そっくりだ。
유리상와　　하하오야니　솟꾸리다
유리 씨는 엄마를 꼭 닮았다.

079 **ばかだ** 바까다 어리석다

彼(かれ)は 絶対(ぜったい)に ばかに ならない。
카레와　젯따이니　바까니　　나라나이
그는 절대로 무시할 수 없다.

080 **あたり前(まえ)だ** 당연하다
아따리마에다

これは 学生(がくせい)として あたりまえな
코레와　　각세-또시떼　　아따리마에나

ことです。
코또데스
이것은 학생으로서 당연한 일입니다.

081 沈(しず)む 시즈무　가라앉다

たからものが 海に 沈む。
타까라모노가　　우미니　시즈무
보물이 바다에 가라앉았다.

082 盗(ぬす)む 누스무　훔치다

財布を 盗まれました。
사이후오　누스마레마시따
지갑을 소매치기 당했습니다.

083 移(うつ)る 우쯔루　옮기다

静かな ところに 移りたいんですが。
시즈까나　토코로니　우쯔리따인데스가
조용한 곳으로 옮기고 싶은데요.

084 香(かお)る 카오루　향기가 나다

桜が かおる。
사꾸라가 카오루
벚꽃 향기가 풍기다.

085 変(か)える 카에루　바꾸다, 변하다

契約条件を 変えて ください。
케-야꾸죠-껜오　카에떼　구다사이
계약 조건을 바꿔 주십시오.

086 吸(す)う 스-　마시다, 빨다

ここで たばこを 吸っては いけません。
코꼬데　타바꼬오　슷떼와　이께마셍
여기서 담배를 피워서는 안 됩니다.

087　売(う)る　우루　｜　팔다

あまりに 高_{たか}く 売_うって います。
아마리니　타까꾸　웃떼　　이마스
너무 비싸게 팔고 있습니다.

088　考(かんが)える　칸가에루　｜　생각하다

あなたは 何_{なに}を 考_{かんが}えて いますか。
아나따와　나니오　칸가에떼　이마스까
당신은 무엇을 생각하고 있습니까?

 살아 있는 일본어

ものすごく 　모노스고꾸　매우, 굉장히

일본인들의 대화를 듣다 보면 すごい라는 말을 자주 듣게 됩니다.
사물에 대해 대단하다는 표현 앞에서 「매우, 굉장히」라는 부사의 뜻입니다.

すごいですね。 　굉장하군요.
스고이데스네

ものすごく たかいですね。 　굉장히 비싸군요.
모노스고꾸　　　　타까이데스네

割勘 _{わり かん}　와리깡　각자부담

자기 몫은 자기가 계산하는 더치페이방식, **割前勘定** _{わり まえ かんじょう} (나누어 계산)의 준말로
그냥 **割勘** _{わり かん}이라고 합니다.

Day 05

---

089 強(つよ)い　츠요이　강하다

母は 強いです。
하하와 　 츠요이데스
엄마는 강합니다.

---

090 弱(よわ)い　요와이　약하다

渡辺さんは 酒に 弱いです。
와따나베상와 　 사께니 　 요와이데스
와타나베 씨는 술에 약합니다.

---

091 寒(さむ)い　사무이　춥다

今 北海道は とても 寒いです。
이마 홋까이도-와 　 토떼모 　 사무이데스
지금 북해도는 매우 춥습니다.

---

092 古(ふる)い　후루이　오래되다, 낡다

わたしは 古い 友だちが いいです。
와따시와 　 후루이 　 토모다찌가 　 이-데스
나는 오랜 친구가 좋습니다.

---

093 少(すく)ない
스꾸나이　적다

今度の 宿題は 分量が 少ないです。
콘도노 　 슈꾸다이와 분료-가 　 스꾸나이데스
이번 숙제는 분량이 적습니다.

---

094 わるい 와루이 | 나쁘다

都合が わるいんです。
つごう

초고-가 와루인데스

사정이 안 됩니다.

095 重(おも)い 오모이 | 무겁다

重い 荷物は 私が お持ちします。
おも　にもつ　わたし　も

오모이 니모쯔와 와따시가 오모찌시마스

무거운 짐은 제가 들겠습니다.

096 盛(さか)んだ 사깐다 | 번창하다

今年の 同窓会は 盛んでした。
こ とし　どう そう かい　さか

코또시노 도-소-까이와 사깐데시따

올해의 동창회는 성대했다.

097 朗(ほが)らかだ 호가라까다 | 쾌활하다

金さんは 朗らかな 性質です。
ほが　せい しつ

김상와 호가라까나 세-시쯔데스

김 씨는 명랑한 성격입니다.

098 厳(おごそ)かだ 오고소까다 | 엄숙하다

厳かな 雰囲気で 会議を する。
おごそ　ふん い き　かい ぎ

오고소까나 홍이끼데 카이기오 스루

엄숙한 분위기에서 회의를 하다.

099 わずかだ 와즈까다 | 얼마 안 되다

わずかの お金で 暮して います。
かね　くら

와즈까노 오까네데 쿠라시떼 이마스

얼마 안 되는 돈으로 생활하고 있습니다.

100 穏(おだ)やかだ
오다야까다

온화하다, 차분하다

喫茶店で 穏やかに 話しました。
킷사뗑데　　오다야까니　　하나시마시따
찻집에서 차분하게 얘기했습니다.

101 まれだ 마레다

드물다

彼女は まれに 見る 孝女です。
카노조와　마레니　미루　코-죠데스
그녀는 드물게 보는 효녀입니다.

102 あやふやだ
아야후야다

애매모호하다

あやふやな 返事を する。
아야후야나　헨지오　스루
애매모호한 대답을 하다.

103 もっともだ
못또모다

지당하다

今日の ニュースで もっとも
쿄-노　　뉴-스데　　　못또모

重要な 事件です。
쥬-요-나　지껜데스
오늘 뉴스에서 가장 중요한 사건입니다.

104 さく 사꾸

피다

花が きれいに さきました。
하나가　키레-니　　사끼마시따
꽃이 예쁘게 피었습니다.

105 送(おく)る 오꾸루 | 보내다

これを 速達(そくたつ)で 送(おく)って ください。
코레오　소꾸따쯔데 오꿋떼　구다사이
이것을 속달로 보내 주십시오.

106 作(つく)る 츠꾸루 | 만들다

弁当(べんとう)を 作(つく)って 遠足(えんそく)に 行(い)きます。
벤또-오　츠꿋떼　엔소꾸니　이끼마스
도시락을 싸서 소풍을 갑니다.

107 望(のぞ)む 노조무 | 바라다

みなさんに 望(のぞ)むのは 誠実(せいじつ)です。
미나상니　노조무노와　세-지쯔데스
여러분에게 바라는 것은 성실입니다

108 向(む)かう 무까우 | 향하다

天(てん)に 向(む)かって 大声(おおごえ)を 出(だ)す。
텐니　무깟떼　오-고에오　다스
하늘을 향해서 소리를 지르다

109 住(す)む 스무 | 살다

どこに 住(す)んで いますか。
도꼬니　슨데　이마스까
어디에 살고 있습니까?

110 呼(よ)ぶ 요부 | 부르다

早(はや)く 医者(いしゃ)を 呼(よ)んで ください。
하야꾸　이샤오　욘데　구다사이
빨리 의사를 불러 주십시오.

111 選(えら)ぶ 에라부　고르다, 뽑다

ひ　　えら　　　　しゅっぱつ
日を 選んで 出発して ください。
히오　　에란데　　숫빠쯔시떼　　구다사이
날짜를 택해서 출발해 주십시오.

살아 있는 일본어

＊개인용 송수신 방식의 변천사
삐삐에서 휴대폰까지의 진화과정을 알아봅니다.

ポケベル　　포케베루　　삐삐

けい たい
携帯　　케-따이　　휴대폰(携帯電話의 준말)
けい たい でん わ

---

112 高(たか)い 타까이 | **높다, 비싸다**

に ほん   ぶっ か   たか
日本は 物価が 高いです。

니홍와   붓까가   타까이데스

일본은 물가가 비쌉니다.

---

113 安(やす)い 야스이 | **싸다**

やす
もっと 安く なりませんか。

못또   야스꾸 나리마셍까

좀 더 싸게 안 됩니까?

---

114 長(なが)い 나가이 | **길다**

じん せい   みじか   けいじゅつ   なが
人生は 短く、芸術は 長い。

진세-와   미지까꾸   게-쥬쯔와   나가이

인생은 짧고, 예술은 길다.

---

115 太(ふと)い 후또이 | **굵다**

かの じょ   あし   ふと
彼女は 足が 太いです。

카노죠와   아시가   후또이데스

그녀는 다리가 굵습니다.

---

116 痛(いた)い 이따이 | **아프다**

あたま   いた
ゆうべから 頭が 痛いです。

유-베까라   아따마까 이따이데스

어제 저녁부터 머리가 아픕니다.

---

117 幼(おさな)い
오사나이

어리다, 유치하다

この ドレスは デザインが 幼いです。
코노　도레스와　데자잉가　오사나이데스
이 드레스는 디자인이 유치합니다.

118 汚(きたな)い
키따나이

더럽다

汚い 環境では 住みたく ありません。
키따나이 캉꾜-데와　스미따꾸　아리마셍
더러운 환경에서는 살고 싶지 않습니다.

119 しょっぱい
숏빠이

짜다

この 味噌汁は あまりに しょっぱいです。
코노　미소시루와　아마리니　숏빠이데스
이 된장국은 너무 짭니다.

120 まじめだ 마지메다

진지하다, 성실하다

安部さんは まじめな 人です。
아베상와　마지메나　히또데스
아베 씨는 성실한 사람입니다.

121 さわやかだ
사와야까다

상쾌하다

きょうは 風が ふいて 気分が さわやかです。
쿄-와　카제가 후이떼　키붕가　사와야까데스
오늘은 바람이 불어서 기분이 상쾌합니다.

122 すぐだ 스구다

곧다, 똑바르다

この 山は すぐな 木が 多いです。
코노　야마와　스구나　키가　오-이데스
이 산은 곧은 나무가 많습니다.

123 にわかだ 니와까다 갑작스럽다

にわかの 事件で ほんとうに 驚きました。
니와까노 지껜데   혼또-니   오도로끼마시따
갑작스런 사건으로 정말 놀랐습니다.

124 哀(あわ)れだ 불쌍하다
아와레다

世の 中には 哀れな 子供も 多いです。
요노 나까니와 아와레나 코도모모 오-이데스
세상에는 불쌍한 아이들도 많습니다.

125 かなりだ 카나리다 상당하다

彼には かなりな 遺産が あります。
카레니와 카나리나   이상가   아리마스
그에게는 상당한 유산이 있습니다.

126 むやみだ 무야미다 함부로 하다

むやみに 金を 使わっては いけません。
무야미니   카네오 츠카왓떼와   이께마셍
함부로 돈을 써서는 안 됩니다.

127 なだらかだ 원만하다
나다라까다

会議が なだらかに 進みました。
카이기가 나다라까니   스스미마시따
회의가 원만히 진행되었습니다.

128 好(す)く 스꾸 좋아하다

すいた 娘が あります。
스이따   무스메가 아리마스
좋아하는 아가씨가 있습니다.

129 吐(つ)く 츠꾸

숨쉬다, 말하다

うそを つく。

우소오　　츠꾸

거짓말을 하다.

130 過(す)ごす 스고스

지내다, 보내다

たのしく 過ごして います。

타노시꾸　　스고시떼　　이마스

즐겁게 지내고 있습니다.

131 食(く)う 쿠-

먹다, 해내다, 당하다

食うか 食われるか。

쿠-까　　쿠와레루까

먹느냐 먹히느냐.

132 輝(かがや)く
카가야꾸

빛나다

夜空に 星が 輝く。

요조라니　호시가　카가야꾸

밤하늘에 별이 빛나다.

133 歩(ある)く 아루꾸

걷다

10分ぐらい 歩いて 学校へ 行きます。

쥿뿡구라이　　아루이떼　갓꼬-에　이끼마스

10분 정도 걸어서 학교에 갑니다.

134 止(と)まる 토마루

멈추다

あそこの 前に タクシーが とまって いる。

아소꼬노　마에니　타꾸시-가　　토맛떼　　이루

저 앞에 택시가 서있다.

135 曲(ま)がる
마가루

구부러지다, 굽다

^{かど} ^ま
角を 曲がって ください。
카도오 마갓떼　　　구다사이
모퉁이를 돌아 주십시오.

살아 있는 일본어

しゃぶしゃぶ 샤브샤브 샤브샤브

미리 준비된 육수에 고기나 해물, 야채 등을 넣어 살짝 익혀서 소스에 찍어
먹는 일본 음식. 끓는 소리가 「しゃぶしゃぶ」하고 난다고 하여 붙여졌다 하
니 재미있습니다.

Day 07

136 怖(こわ)い 코와이 | 무섭다

わたしは こわい 映画が きらいです。
와따시와　　코와이　에-가　　키라이데스
나는 무서운 영화를 싫어합니다.

137 無(な)い 나이 | 없다

わたしは 友だちも ないし、かねも ない。
와따시와　토모다찌모　나이시　카네모　나이
나는 친구도 없고, 돈벌이도 없다.

138 ありがたい
아리가따이 | 감사하다

高校の 先生を ありがたく 思う。
코-꼬-노　센세-오　아리가따꾸　오모-
고등학교 선생님을 고맙게 생각한다.

139 不味(まず)い
마즈이 | 맛없다, 서툴다

この 料理は まずいです。
코노　료-리와　마즈이데스
이 요리는 맛이 없습니다.

140 偉(えら)い 에라이 | 훌륭하다

彼は ほんとうに えらい 人だった。
카레와　혼또-니　에라이　히또닷따
그는 정말 훌륭한 사람이었다.

141 いけない　이께나이　| 나쁘다

あそこへ　入っては　いけません。
아소꼬에　하잇떼와　이께마셍
저기에 들어가서는 안 됩니다.

142 かゆい　카유이　| 가렵다

かゆくて　背中を　掻く。
카유꾸떼　세나까오　카꾸
가려워서 등을 긁다.

143 うれわしい　우레와시-　| 걱정되다

林さんの　生活が　うれわしい。
하야시상노　세-까쯔가　우레와시-
하야시 씨의 생활이 걱정된다.

144 微(かす)かだ　카스까다　| 희미하다

微かな　記憶
카스까나　키오꾸
희미한 기억

145 定(さだ)かだ　사다까다　| 확실하다

この　情報は　さだかでない。
코노　죠-호-와　사다까데나이
이 정보는 확실하지 않다.

146 ぐずだ　구즈다　| 굼뜨다

ぐずぐずしないで　早く　出て　ください。
구즈구즈시나이데　하야꾸　데떼　구다사이
꾸물거리지 말고 빨리 나와 주세요.

147 **いんちきだ**
잉찌끼다

속이다

いんちきを やる 医者
잉찌끼오　　야루　이샤
속임수를 쓰는 의사

---

148 **まともだ** 마또모다　정면이다

まともに 顔を 見ながら 話す。
마또모니　카오오　미나가라　　하나스
정면으로 얼굴을 보며 말하다.

---

149 **まどかだ** 마도까다　둥글다, 평온하다

まどかな 人生
마도까나　진세-
평온한 인생

---

150 **なまくらだ**
나마꾸라다

무디다, 무기력하다

なまくらな 人は きらいです。
나마꾸라나　히또와　키라이데스
무기력한 사람은 싫습니다.

---

151 **おろそかだ**
오로소까다

소홀하다

学生時代には 学問を おろそかにした。
각세-지다이니와　가꾸몽오　오로소까니시따
학생시절에는 학문을 등한히했다.

---

152 **干(ほ)す** 호스　말리다

きょうは 洗濯物を 干すのに いい 天気です。
쿄-와　센따꾸모노오　호스노니　이-　텡끼데스
오늘은 빨래를 말리기에 좋은 날씨입니다.

---

153 費(つい)やす 츠이야스 | 쓰다, 소비하다

何年もの 歳月を ついやす。
난넨모노　사이게쯔오　츠이야스
몇 년 세월을 허비하다.

154 転(ころ)ぶ 코로부 | 쓰러지다, 구르다

雪道で すべって 転ぶ。
유끼미찌데 스벳떼　코로부
눈길에서 미끄러져 넘어지다.

155 つかむ 츠까무 | 붙잡다

早く 機会を つかまなければ ならない。
하야꾸　키까이오　츠까마나께레바　나라나이
빨리 기회를 잡지 않으면 안 된다.

156 歌(うた)う 우따우 | 노래하다

歌を 歌う。
우따오 우따우
노래를 부르다.

157 倒(たお)す 타오스 | 쓰러뜨리다

相手を 倒して 優勝した。
아이떼오　타오시떼　유-쇼-시따
상대를 쓰러뜨리고 우승했다.

158 探(さが)す 사가스 | 찾다, 구하다

何を 探して いますか。
나니오 사가시떼　이마스까
무엇을 찾고 있습니까?

ちょうし み しょり
調子を 見ながら 処理します。
쵸-시오   미나가라   쇼리시마스

상태를 봐 가면서 처리하겠습니다.

살아 있는 일본어

チョンガー 총가   총각

결혼 안한 독신 남성을 일컫는 말로 일본에서도 이 말이 그대로 전해져 비슷한 발음과 뜻으로 쓰이고 있습니다. 일본인들에게는 다른 나라에서 전해진 외래어이므로 카타카나로 표기합니다.

---

160 **危(あぶ)ない**
아부나이

위험하다

危ない 遊びは しては いけません。
아부나이 아소비와 시떼와 이께마셍
위험한 놀이는 해서는 안 됩니다.

---

161 **甘(あま)い** 아마이

달다

わたしは 甘い お菓子が きらいです。
와따시와   아마이 오가시가   키라이데스
나는 단 과자를 싫어합니다.

---

162 **若(わか)い** 와까이

젊다

若い 人は 考え方が ちがいます。
와까이 히또와 캉가에까따가 치가이마스
젊은 사람은 사고방식이 다릅니다.

---

163 **大(おお)きい**
오-끼-

크다

わたしは お兄さんより 背が 大きいです。
와따시와   오니-상요리   세가 오-끼-데스
나는 형보다 키가 큽니다.

---

164 **小(ちい)さい**
치-사이

작다, 어리다

mp3の ボリュームを ちいさく する。
엠피쓰리노 보-류-무오   치-사꾸   스루
mp3 볼륨을 작게 하다.

---

165 短(みじか)い
미지까이

짧다

短い 距離だが 時間は かかる。
미지까이 쿄리다가　지깡와　카까루
짧은 거리지만 시간은 걸린다.

166 可愛(かわい)い
카와이-

귀엽다

かわいい わたしの こいぬ
카와이-　와따시노　코이누
귀여운 나의 강아지

167 惨(むご)い 무고이

비참하다

惨い 最後
무고이　사이고
비참한 최후

168 静(しず)かだ
시즈까다

조용하다

わたなべさんは 静かな 人です。
와따나베상와　　시즈까나　히또데스
와타나베 씨는 조용한 사람입니다.

169 きれいだ 키레-다

깨끗하다

ここは きれいな トイレが 気に 入りました。
코꼬와　키레-나　토이레가　키니　이리마시따
여기는 깨끗한 화장실이 마음에 듭니다.

170 きらいだ 키라이다

싫어하다

きらいな 科目は ありません。
키라이나　카모꾸와　아리마셍
싫어하는 과목은 없습니다.

171 いやだ 이야다 | 싫어하다

べんきょう
勉強が いやに なる。
벵꾜-가 이야니 나루
공부가 싫어진다.

172 大丈夫(だいじょうぶ)だ | 괜찮다, 걱정없다
다이죠-부다

この 肉は 食べても 大丈夫ですか。
코노 니꾸와 타베떼모 다이죠-부데스까
이 고기는 먹어도 괜찮습니까?

173 たいへんだ | 힘들다, 대단하다
타이헨다

たいへんな 工事だ。
타이헨나   코-지다
힘든 공사다.

174 ねんごろだ | 공손하다, 정중하다
넹고로다

ねんごろな 看護
넹고로나   캉고
정성스런 간호

175 出(で)たらめだ | 함부로 하다, 엉터리다
데따라메다

出たらめの 名
데따라메노   나
엉터리 이름

176 競(きそ)う 키소- | 겨루다, 다투다

ちから きそ
力を 競う。
치까라오 키소-
힘을 다투다.

177 **敷(し)く** 시꾸 　깔다

ふとんを しいて 寝る。
후똥오　　시이떼　　네루
이불을 펴고 자다.

178 **違(ちが)う** 치가우 　틀리다

わたしと 意見が ちがいます。
와따시또　이껭가　치가이마스
나와 의견이 다릅니다.

179 **待(ま)つ** 마쯔 　기다리다

1時間前から 待っています。
이찌지깡마에까라　맛떼이마스
1시간전부터 기다리겠습니다.

180 **勝(か)つ** 카쯔 　이기다

試合に 勝ちました。
시아이니　카찌마시따
시합에 이겼습니다.

181 **死(し)ぬ** 시누 　죽다

国の ために 死んだ 憂国の 烈士
쿠니노 타메니　신다　유-꼬꾸노 렛시
나라를 위해 죽은 우국 열사

182 **浮(う)かぶ** 우까부 　뜨다

昔の おもかげが 浮かんだ。
무까시노 오모까게가　우깐다
옛날 일이 떠오른다.

試(ため)す 타메스 　시험하다

やたらに 人を ためしては いけません。
아따라니 　히또오 타메시떼와 　이께마셍

함부로 남을 시험해서는 안 됩니다.

 살아 있는 일본어

留守番電話 루스방뎅와 　자동응답전화기

여기서 「留守」란 부재중, 또 부재중에 집을 지킨다는 의미입니다. 그래서
「留守番電話」는 자동응답전화기가 되는 거지요.
바빠서 집에 있기 힘든 현대인들, 전화를 걸면 이런 멘트 듣기가 일수죠.

▶ 지금은 부재중입니다. '삐' 소리가 나면 성함과 용건을 말씀해 주십시오.

ただいま 留守に なって おります。
타다이마 　루스니 　낫떼 　오리마스

ピーと なったら お名前と ご用件を お話しください。
피-또 　낫따라 　오나마에또 고요-껭오 오하나시 구다사이

Day 09

---

184 苦(にが)い 니가이 | 쓰다, 괴롭다

にが くすり の
苦い 薬は 飲みたくないです。
니가이 쿠스리와 노미따꾸나이데스
쓴 약은 먹고 싶지 않습니다.

---

185 細(こま)かい 코마까이 | 잘다, 사소하다

いちまんえんさつ
一万円札を こまかく する。
이찌망엥사쯔오   코마까꾸   스루
만 원짜리를 잔돈으로 거스르다.

---

186 甘(うま)い 우마이 | 맛있다

うま りょうり た とき いちばん す
甘い 料理を 食べる 時が一番 好きです。
우마이 료-리오 타베루 도끼가이찌방 스끼데스
맛있는 요리를 먹을 때가 가장 좋습니다.

---

187 ひどい 히도이 | 심하다

あつ
きょうは ひどく 暑いですね。
쿄-와   히도꾸   아쯔이데스네
오늘은 지독히 덥군요.

---

188 冷(つめ)たい 츠메따이 | 차다

つめ の もの
冷たい 飲み物は ありませんか。
츠메따이 노미모노와 아리마셍까
찬 음료는 없습니까?

---

189 狭(せま)い　세마이　　좁다

工事で 道が もっと 狭くなった。
코-지데　미찌가　못또　세마꾸낫따
공사로 길이 좀 더 좁아졌다.

190 やわらかい　아와라까이　　부드럽다

きょうは 日ざしが やわらかいです。
쿄-와　히자시가　아와라까이데스
오늘은 햇살이 포근합니다.

191 みにくい　미니꾸이　　추하다, 알아보기 힘들다

みにくい 文字
미니꾸이　모지
알아보기 힘든 문자

192 元気(げんき)だ　겡끼다　　건강하다

山本さんは 元気な 人です。
야마모또상와　겡끼나　히또데스
야마모토 씨는 건강한 사람입니다.

193 立派(りっぱ)だ　릿빠다　　훌륭하다, 멋지다

立派な 成績で 卒業しました。
릿빠나　세-세끼데　소쯔교-시마시따
훌륭한 성적으로 졸업했습니다.

194 へいきだ　헤-끼다　　태연하다, 침착하다

へいきで 働いて います。
헤-끼데　하따라이떼 이마스
태연하게 일하고 있습니다.

195 大切(たいせつ)だ
타이세쯔다

소중하다, 필요하다

本は 大切に あつかわなければ なりません。
홍와　타이세쯔니 아쯔까와나께레바　　　나리마생
책은 소중히 다루지 않으면 안 됩니다.

196 大事(だいじ)だ
다이지다

중요하다, 소중하다

大事な 用件が あります。
다이지나　요-껭가　아리마스
중요한 용건이 있습니다.

197 らくだ 라꾸다

편안하다, 넉넉하다

どうぞ ごらくに。
도-조　　　고라꾸니
자, 편히 하십시오.

198 賑(にぎ)やかだ
니기야까다

번화하다, 활기차다

この 町は にぎやかです。
코노　마찌와 니기야까데스
이 거리는 번화합니다.

199 だめだ 다메다

안된다, 소용없다

雨で 運動会が だめに なった。
아메데 운도-까이가　　다메니　　낫따
비가 와서 운동회는 못하게 되었다.

200 遊(あそ)ぶ 아소부

놀다

ここで 遊んでは いけません。
코꼬데　아손데와　　　이께마셍
여기서 놀아서는 안 됩니다.

201 飛(と)ぶ 토부 | 날다

すずめ と
雀が 飛んで います。
스즈메가 톤데　　이마스
참새가 날고 있습니다.

202 並(なら)ぶ 나라부 | 늘어서다, 견주다

なら ある
並んで 歩く。
나란데　　아루꾸
나란히 걷다.

203 断(た)つ 타쯔 | 자르다, 끊다

た
たばこを 断つ。
타바꼬오　　타쯔
담배를 끊다.

204 示(しめ)す 시메스 | 나타내다, 가리키다

がく せい も はん しめ
学生に 模範を 示す。
각세-니　　모항오　　시메스
학생에게 모범을 보이다.

205 止(と)まる 토마루 | 머물다, 멈추다

ず つう と
頭痛は 止まりましたか。
즈쯔-와　　토마리마시따까
두통은 멎었습니까?

206 開(ひら)く 히라꾸 | 열다

ぎん こう ひら
いつ 銀行が 開きますか。
이쯔　　깅꼬-가　　히라끼마스까
언제 은행을 엽니까?

有(あ)る 아루　　　　　있다

テーブルの 上に 何が ありますか。

테-부루노　　　우에니　나니가　아리마스까

테이블 위에 무엇이 있습니까?

살아 있는 일본어

* 비슷한 발음 때문에 혼동하기 쉬운 일본어

그 말이 그 말 같고 혼동되는 어휘들이 너무 많긴 하지만 그렇다고
포기할 순 없겠죠!! 자, 힘내서 도전해 볼까요.

コーヒー	코-히-	커피
コピー	코피-	복사
ビル	비루	빌딩
ビール	비-루	맥주
カップ	캇푸	손잡이 달린 찻잔
コップ	콧푸	손잡이가 없는 잔

Day 10

---

208 **いい** 이-　　　　　**좋다**

もう いいですか。
모-　　이-데스까
이제 됐습니까?

---

209 **もったいない**
못따이나이　　　　　**과분하다, 아깝다**

時間が もったいないです。
지깡가　　못따이나이데스
시간이 아깝습니다.

---

210 **はかない** 하까나이　　　　　**덧없다**

はかない 人生
하까나이　　진세-
덧없는 인생

---

211 **上手(うま)い**
우마이　　　　　**잘하다**

ゴルフが うまい。
코루후가　　우마이
골프를 잘한다.

---

212 **賢(かしこ)い**
카시꼬이　　　　　**현명하다, 어질다**

石原さんは 賢い 方です
이시하라상와　　카시꼬이 카따데스
이시하라 씨는 현명한 분입니다.

---

213 鈍(にぶ)い 니부이 | 둔하다

<ruby>頭<rt>あたま</rt></ruby>が <ruby>鈍<rt>にぶ</rt></ruby>い <ruby>人<rt>ひと</rt></ruby>では ありません。

아따마가 니부이 히또데와　아리마셍

머리가 둔한 사람은 아닙니다.

214 臭(くさ)い 쿠사이 | 구리다, 냄새나다

くさい においが します。

쿠사이　니오이가　시마스

구린 냄새가 납니다.

215 幼(おさな)い 오사나이 | 어리다, 유치하다

あなたは <ruby>見方<rt>みかた</rt></ruby>が <ruby>幼<rt>おさな</rt></ruby>いです。

아나따와　미까따가　오사나이데스

당신은 보는 눈이 유치합니다.

216 退屈(たいくつ)だ 타이꾸쯔다 | 따분하다, 심심하다

<ruby>彼<rt>かれ</rt></ruby>の <ruby>講義<rt>こうぎ</rt></ruby>は <ruby>退屈<rt>たいくつ</rt></ruby>です。

카레노　코-기와　타이꾸쯔데스

그의 강의는 따분합니다.

217 不思議(ふしぎ)だ 후시기다 | 이상하다

それは ほんとうに <ruby>不思議<rt>ふしぎ</rt></ruby>な ことです。

소레와　혼또-니　후시기나　코또데스

그것은 정말 이상한 것입니다.

218 貧乏(びんぼう)だ 빔보-다 | 가난하다

<ruby>彼女<rt>かのじょ</rt></ruby>は <ruby>貧乏<rt>びんぼう</rt></ruby>に <ruby>暮<rt>くら</rt></ruby>して います。

카노죠와　빔보-니　쿠라시떼　이마스

그녀는 가난하게 살고 있습니다.

219 変(へん)だ 헨다　이상하다, 수상하다

ここは 変な ところです。
코꼬와　헨나　토꼬로데스
여기는 이상한 곳입니다.

220 迷惑(めいわく)だ　성가시다, 폐가되다
메-와꾸다

人に 迷惑を かけては いけません。
히또니　메-와꾸오　카께떼와　이께마셍
남에게 폐를 끼쳐서는 안 됩니다.

221 面倒(めんどう)だ　귀찮다, 성가시다
멘도-다

彼は 買い物に 行くのが 面倒です。
카레와　카이모노니　이꾸노가　멘도-데스
그는 쇼핑하러 가는 것을 귀찮아합니다.

222 得意(とくい)だ　의기양양하다
토꾸이다

もっとも 得意な わざは 何ですか。
못또모　토꾸이나　와자와　난데스까
가장 자신 있는 재주는 무엇입니까?

223 丁寧(ていねい)だ　정중하다
테-네-다

彼は 丁寧な 人です。
카레와　테-네-나　히또데스
그는 정중한 사람입니다.

224 生(い)きる 이끼루　살다

彼の 精神は いきて います。
카레노　세-싱와　이끼떼　이마스
그의 정신은 살아 있습니다.

225 **勤(つと)まる**
츠또마루

감당해내다

わたしとしては つとまらない。
와따시또시떼와　　　　츠또마라나이
나로서는 감당할 수 없다.

226 **移(うつ)す** 우쯔스

옮기다

事務室を 移したいんですが。
지무시쯔오　　　우쯔시따인데스가
사무실을 옮기고 싶은데요.

227 **干(ひ)る** 히루

마르다, 바닥나다

材料が 干る。
자이료-가　　히루
재료가 바닥나다.

228 **降(お)りる** 오리루

내리다

バスを 降りる。
바스오　　　오리루
버스를 내리다.

229 **向(む)く** 무꾸

향하다

南向きですか。
미나미무끼데스까
남향입니까?

230 **沸(わ)く** 와꾸

끓다

湯が 沸く。
유가　　와꾸
물이 끓다.

231 話(はな)す 하나스 | 말하다

ゆっくり 話して ください。
웃꾸리 　　　 하나시떼 　 구다사이

천천히 말해 주세요.

살아 있는 일본어

LDK

방(Living room) · 거실(Dining room) · 부엌(Kitchen)의 약자로
집 구조를 간략하게 표현한 방식입니다.

2LDK라면 방 2개에 거실과 부엌이 딸린 집을 말합니다.

Day 11 　　월　　일　　요일

232　薄(うす)い　우스이　**얇다, 담백하다**

薄い 味
우스이 아지
담백한 맛

233　細(ほそ)い　호소이　**가늘다**

目を ほそく して います。
메오　호소꾸　시떼 이마스
눈을 가늘게 뜨고 있습니다.

234　固(かた)い　카따이　**단단하다**

彼は 口が 固いです。
카레와 쿠찌가 카따이데스
그는 입이 무겁습니다.

235　難(かた)い　카따이　**어렵다**

わたしは 難い 本は あまり すきでは
와따시와　카따이　홍와　아마리　스끼데와
ありません。
아리마셍
나는 어려운 책은 그다지 좋아하지 않습니다.

Day 11

236 **するどい** 스루도이 | 날카롭다, 예민하다

彼は するどい 頭を 持って います。
카레와 스루도이 아따마오 못떼 이마스
그는 예리한 머리를 갖고 있습니다.

---

237 **すっぱい** 슷빠이 | 시다

この 酒は すっぱい 味が します。
코노 사께와 슷빠이 아지가 시마스
이 술은 신 맛이 납니다.

---

238 **つらい** 츠라이 | 괴롭다

その ことは わたしも つらいです。
소노 고또와 와타시모 츠라이데스
그 일은 나도 괴롭습니다.

---

239 **だるい** 다루이 | 나른하다

熱が 出で 体が だるいです。
네쯔가 데떼 카라다가 다루이데스
열이 나고 몸이 나른합니다.

---

240 **りこうだ** 리꼬-다 | 영리하다

ミミは りこうな 犬です。
미미와 리꼬-나 이누데스
미미는 영리한 개입니다.

---

241 **生意気(なまいき)だ**
나마이끼다 | 건방지다

彼は 言葉つきが 生意気だ。
카레와 코또바쯔끼가 나마이끼다
그는 말투가 건방지다.

---

242 丈夫(じょうぶ)だ
죠-부다

건강하다, 견고하다

丈夫な 心がけ
죠-부나　코꼬로가께
건강한 마음가짐

243 器用(きよう)だ
키요-다

재주가 있다, 요령이 있다

器用な 手先
키요-나　테사끼
재주 있는 손끝

244 苦手(にがて)だ
니가떼다

싫다, 질색이다, 서툴다

私は 運転が 苦手です。
와따시와 웅뗑가　니가떼데스
나는 운전이 서투릅니다.

245 ぜいたくだ
제-따꾸다

사치스럽다

この バッグは 私に ぜいたくすぎる。
코노　밧구와　　와따시니 제-따꾸스기루
이 백은 내게 사치스럽다.

246 やっかいだ
얏까이다

귀찮다, 성가시다

今度の 事件で やっかいな 事に なった。
콘도노　지껜데　얏까이나　　코또니 낫따
이번 사건으로 성가신 일이 되었다.

247 十分(じゅうぶん)だ
쥬-분다

충분하다

われわれは 十分な 時間が ある。
와레와레와　　쥬-분나　지깡가　아루
우리는 충분한 시간이 있다.

Day 12

[ ] 월 [ ] 일 [ ] 요일

---

248 **熱(あつ)い** 아쯔이 | 뜨겁다

からだ あつ
体が 熱い。
카라다가 아쯔이
몸이 뜨겁다.

---

249 **暑(あつ)い** 아쯔이 | 덥다

はちがつ なつ あつ
8月の 夏は 暑いです。
하찌가쯔노 나쯔와 아쯔이데스
8월의 여름은 덥습니다.

---

250 **すばらしい**
스바라시— | 멋지다, 굉장하다, 기가 막히다

きょう てんき
今日は すばらしい 天気です。
쿄—와 스바라시— 텡끼데스
오늘은 기가 막힌 날씨입니다.

---

251 **まずしい** 마즈시— | 가난하다

いえ うま
わたしは まずしい 家に 生れました。
와따시와 마즈시— 이에니 우마레마시따
나는 가난한 집에 태어났습니다.

---

252 **すずしい** 스즈시— | 시원하다

あき
秋は すずしい。
아끼와 스즈시—
가을은 시원하다.

---

253 みっともない
밋또모나이

보기 흉하다

みっともない まね
밋또모나이　　　　　　마네
꼴사나운 짓

254 まばゆい 마바유이

눈부시다

まばゆい 8月の 太陽
마바유이　　 하찌까쯔노　타이요-
눈부신 8월의 태양

255 健(すこ)やかだ
스꼬야까다

건강하다

子供は 健やかに 育って います。
코도모와　 스꼬야까니　 소닷떼　　 이마스
아이는 건강하게 자라고 있습니다.

256 出(で)たらめだ
데따라메다

엉터리다

先生の 質問に でたらめな 返事を する。
센세-노　 시쯔몬니　데따라메나　 헨지오　 스루
선생님의 질문에 엉터리 대답을 하다.

257 むちゃだ 무쨔다

터무니없다

これは むちゃな 値段です。
코레와　무쨔나　　 네단데스
이것은 터무니없는 가격입니다.

258 まともだ 마또모다

정면이다

まともに ぶつかっては いけません。
마또모니　 부쯔깟떼와　　　　이께마셍
정면으로 부딪쳐서는 안 됩니다.

259 いたいけだ
이따이께다

순진무구하다, 어리고 귀여운 모양

いたいけな 子供
이따이께나　코도모
귀여운 아이

---

260 うつろだ 우쯔로다　텅비다

うつろな わたしの 心
우쯔로나　와따시노　코꼬로
텅빈 나의 마음

---

261 いきだ 이끼다　세련되고 멋있다

わたしは 彼女の いきな 姿が すきです。
와따시와　카노죠노　이끼나　스가따가 스끼데스
나는 그녀의 세련된 모습을 좋아합니다.

---

262 とんまだ 톰마다　못나다, 모자라다

ほんとうに とんまに 見える。
혼또-니　톰마니　미에루
정말로 얼간이처럼 보인다.

---

263 濁(にご)る 니고루　탁해지다

あぶらで 海が 濁る。
아부라데　우미가 니고루
기름으로 바다가 탁해지다.

---

264 なさる 나사루　하시다

何に なさいますか。
나니니　나사이마스까
무엇으로 하시겠습니까?

265 **叱(しか)る** 시까루 꾸짖다

先生に しかられて 気持が わるい。
센세-니　시까라레떼　키모찌가　와루이
선생님께 꾸중을 듣고 기분이 나쁘다.

266 **絶(た)つ** 타쯔 끊다

今月から たばこを 絶った。
콩게쯔까라　타바꼬오　탓따
이번 달부터 담배를 끊었다.

267 **蒸(む)す** 무스 무덥다, 찌다

さつまいもを 蒸す。
사쯔마이모오　무스
고구마를 찌다.

268 **描(えが)く** 에가꾸 그리다

公園で 風景を 描く。
코-엔데　후-께-오　에가꾸
공원에서 풍경을 그리다.

269 **急(いそ)ぐ** 이소구 서두르다

早く 急いで ください。
하야꾸 이소이데　구다사이
빨리 서둘러 주십시오.

270 **笑(わら)う** 와라우 웃다

今 笑って いる 人は だれですか。
이마 와랏떼　이루 히또와 다레데스까
지금 웃고 있는 사람은 누구입니까?

＊전화번호 말하는 법

전화번호 버튼 정도는 거뜬하게 읽어야겠죠!!
いち는 しち처럼 들리지 않도록 발음하고, に는 2음절에 가깝게 길게
발음합니다. 7은 なな로 혼동되지 않도록 발음합니다.

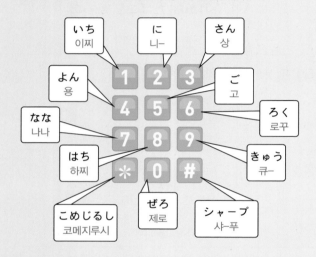

＊담배 한 대, 커피 한 잔

관용적인 표현이므로 「たばこを吸いましょう。」식은 쓰지 않도록 합니다.

いっぷく
一腹しましょう。   담배 한 대 핍시다.
잇뿌꾸시마쇼-

コーヒーブレークしましょう。   커피 한 잔 합시다.
코-히-부레-쿠시마쇼-

271 辛(から)い 카라이 | 맵다

この キムチは からいです。
코노   키무치와   카라이데스
이 김치는 맵습니다.

272 厚(あつ)い 아쯔이 | 두껍다

この 本は 厚いですが、おもしろいです。
코노   홍와   아쯔이데스가   오모시로이데스
이 책은 두껍습니다만, 재밌습니다.

273 緩(ゆる)い 유루이 | 완만하다

くつが 緩いです。
쿠쯔가   유루이데스
구두가 헐렁합니다.

274 眩(まぶ)しい
마부시- | 눈부시다

眩しい 太陽
마부시-   타이요-
눈부신 태양

275 乏(とぼ)しい
토보시- | 부족하다

経験が 乏しくて 案じられます。
케-껭가   토보시꾸떼   안지라레마스
경험이 부족해서 걱정됩니다.

276 柔(やわ)い や와이 | 부드럽다

_{かの} _{じょ}　　　　　　_{はだ}
彼女の やわい 肌
카노쵸노　야와이　　하다
그녀의 부드러운 피부

---

277 温(ぬる)い 누루이 | 미지근하다

　　　　　　　_{ぬる}
コーヒーが 温いです。
코-히-가　　　누루이데스
커피가 미지근합니다.

---

278 荒(あら)い 아라이 | 거칠다

_{あら}　_{なみ}
荒い 波
아라이 나미
거친 파도

---

279 きよらだ 키요라다 | 맑다, 청아하다

　　　　　　　_{ころも}
きよらな 衣
키요라나　　코로모
정갈한 의복

---

280 さかさまだ
사까사마다 | 거꾸로 되다

　　　　　　　　　　_{いち}
これは さかさまの 位置です。
코레와　　사까사마노　　이찌데스
이것은 거꾸로 된 위치입니다.

---

281 疎(まば)らだ
마바라다 | 성글다

　　　　_{まば}　　_{かよ}
バスが 疎らに 通う。
바스가　마바라니　카요-
버스가 드문드문 다닌다.

---

282 あこぎだ 아꼬기다　뻔뻔하다

あこぎな まねを する。
아꼬기나　마네오　스루
뻔뻔한 짓을 하다.

283 柔(やわ)だ 야와다　부드럽다

やわな 体
야와나　카라다
부드러운 몸

284 賢(さか)しらだ 사까시라다　약은 체하다

さかしらを する。
사까시라오　스루
약은 체를 하다.

285 どじだ 도지다　바보 같은 짓이다

どじを やる。
도지오　야루
바보짓을 하다.

286 滑(なめ)らかだ 나메라까다　미끄럽다

なめらかな 肌が うらやましいです。
나메라까나　하다가　우라야마시-데스
매끈한 피부가 부럽습니다.

287 泊(とま)る 토마루　묵다

ホテルに 泊る 予定です。
호테루니　토마루　요떼-데스
호텔에 묵을 예정입니다.

288 困(こま)る　코마루　곤란하다

こま　　しつもん
困った 質問は しないで ください。
코맛따　시쯔몽와　시나이데　　구다사이
곤란한 질문은 하지 말아 주십시오.

289 余(あま)る
아마루　남다, 넘치다

かね
お金は まだ あまって いる。
오까네와　마다　아맛떼　　이루
돈은 아직 남아 있다.

290 流(なが)す
나가스　흘리다, 씻어내다

みず　なが
水に 流す。
미즈니　나가스
없었던 일로 하다.

291 もどる　모도루　되돌아가(오)다

ご ご　ろくじ
午後 6時までには もどります。
고고　로꾸지마데니와　　모도리마스
오후 6시까지는 돌아오겠습니다.

292 サボる　사보루　게으름 피우다

じゅぎょう
授業を サボる。
쥬교-오　　사보루
수업을 빼먹다.

293 悟(さと)る　사또루　깨닫다

おろ　　　　さと　　　かんじん
愚かさを 悟るのが 肝心だ。
오로까사오　사또루노가　칸진다
어리석음을 깨닫는 것이 중요하다.

294 **降(お)ろす** 오로스 내리다

ここで 降^おろして ください。

코꼬데　오로시떼　　구다사이

여기서 내려 주세요.

Day 13

살아 있는 일본어

* **とんカツ・どんぶり・カツどん**의 차이점

とんカツ	통카츠	포크 커틀릿
どんぶり	돔부리	덮밥, 줄여서 **どん**이라고 합니다.
カツどん	카츠동	돈가스 덮밥

うなどん	우나동	장어덮밥
てんどん	텐동	튀김덮밥
ぎゅうどん	규동	소고기덮밥

---

295 ひさしい 히사시– | 오래간만이다, 오래다

彼とは 別れて ひさしい。
かれ　　わか

카레또와　와까레떼　히사시–

그와는 헤어진 지 오래다.

---

296 珍(めずら)しい | 드물다, 귀하다
메즈라시–

これは めずらしい 本です。
　　　　　　　　　　ほん

코레와　메즈라시–　혼데스

이것은 희귀본입니다.

---

297 等(ひと)しい | 평등하다
히또시–

これは 大きさと 値段が 等しい。
　　　　おお　　　　ねだん　　ひと

코레와　오–끼사또　네당가　히또시–

이것은 크기와 가격이 같다.

---

298 姦(かしま)しい | 시끄럽다
카시마시–

学生たちが 運動場で かしましく
がくせい　　　うんどうじょう

각세–다찌가　운도–죠–데　카시마시꾸

騒ぎ立てる。
さわ　た

사와기다떼루

학생들이 운동장에서 시끄럽게 떠들어대다.

---

299 けわしい 케와시- 험하다, 험상궂다

けわしい 顔つきで 見る。
케와시-　카오쯔끼데　미루
험상궂은 표정으로 보다.

300 忌(い)まわしい 께름칙하다
이마와시-

忌まわしい 夢を 見る。
이마와시-　유메오　미루
께름칙한 꿈을 꾸다.

301 寂(さみ)しい 쓸쓸하다
사미시-

今日は とくに さみしい。
쿄-와　토꾸니　사미시-
오늘은 특히 쓸쓸하다.

302 たくましい 씩씩하다, 늠름하다
타꾸마시-

かれらは たくましく 成長した。
카레라와　타꾸마시꾸　세-쬬-시따
그들은 씩씩하게 성장했다.

303 あべこべだ 뒤바뀌다
아베꼬베다

むきが あべこべだ。
무끼가　아베꼬베다
방향이 뒤바뀌다.

304 ずんどうだ 뚱뚱하다
즌도-다

かれは 背が ひくく ずんどうだ。
카레와　세가　히꾸꾸　즌도-다
그는 키가 작고 뚱뚱하다.

305 そぞろだ 소조로다　공연히 마음이 움직이는 모양

きょうは そぞろ 恋しく なる。
쿄-와　　소조로　코이시꾸　나루
오늘은 어쩐지 그리워진다.

306 おどろだ 오도로다　헝클어지다

おどろの 髪
오도로노　카미
헝클어진 머리

307 おっちょこちょいだ 옷쪼꼬쪼이다　경박하다

おっちょこちょいに ふるまう。
옷쪼꼬쪼이니　　　　　　호루마우
경박하게 행동하다.

308 ふつつかだ 후쯔쯔까다　못나다, 못생기다

ふつつかな 者ですが、 よろしく
후쯔쯔까나　모노데스가　　요로시꾸
おねがいします。
오네가이시마스
못난 사람이지만 잘 부탁합니다.

309 さやかだ 사야까다　청명하다

さやかな 歌声
사야까나　우따고에
청명한 노랫소리

310 **うつけだ** 우쯔께다 | 멍청하다

うつけもの
우쯔께모노
멍청이

311 **扱(あつか)う** 아쯔까우 | 다루다, 취급하다

ここは 酒も 扱って いますか。
코꼬와 사께모 아쯔깟떼 이마스까
여기는 술도 취급하고 있습니까?

312 **よそおう** 요소오- | 치장하다

はでに よそおう。
하데니 요소오-
화려하게 치장하다.

313 **込(こ)む** 코무 | 붐비다

休日は 市内が 込む。
큐-지쯔와 시나이가 코무
휴일은 시내가 붐빈다.

314 **惜(お)しむ** 오시무 | 아끼다, 아쉬워하다

時間を 惜しむ。
지깡오 오시무
시간을 아끼다.

315 **苦(くる)しむ** 쿠루시무 | 괴로워하다

長い 間 病気で 苦しむ。
나가이 아이다 뵤-끼데 쿠루시무
오랜 시간 병으로 고생하다.

316 図(はか)る 하까루 생각하다, 꾀하다

こじん　りえき　はか
個人の 利益を 図る。
코진노　　리에끼오　하까루
개인의 이익을 꾀하다.

317 育(そだ)つ 소다쯔 자라다

けんこう
健康に そだつ。
켕꼬-니　　소다쯔
건강하게 자라다.

318 間違(まちが)う 마찌가우 틀리다

ま ちが　　　かんが　　しん
間違った 考えを 信じる。
마찌갓따　　캉가에오　신지루
잘못된 생각을 믿다.

살아 있는 일본어

*특이한 조사를 쓰는 관용구

~が じょうずだ	~가 죠-즈다	~을 잘하다
~が へただ	~가 헤따다	~을 못하다
~が すきだ	~가 스끼다	~을 좋아하다
~が きらいだ	~가 키라이다	~을 싫어하다
~が できる	~가 데끼루	~을 할 수 있다
~に のる	~니 노루	~을 타다
~に あう	~니 아우	~을 만나다
~に したがう	~니 시따가우	~을 따르다

Day 15

월 일 요일

---

319 **そそっかしい**
소솟까시-

덜렁대다, 경솔하다

そそっかし屋
や
소솟까시야
덜렁이

---

320 **ややこしい**
야야꼬시-

까다롭다

これは ややこしい 問題です。
もん だい
코레와　야야꼬시-　몬다이데스
이것은 까다로운 문제입니다.

---

321 **はがゆい** 하가유이

성에 안차다, 안타깝다

彼を 見て いると はがゆくて ならない。
かれ み
카레오 미떼　이루또　하가유꾸떼　나라나이
그를 보고 있으면 견딜 수가 없다.

---

322 **めでたい** 메데따이

경사스럽다

きょうは めでたい 日です。
ひ
쿄-와　　메데따이　히데스
오늘은 경사스런 날입니다.

---

323 **しんどい** 신도이

힘들다

こんどの 試験は しんどいです。
し けん
콘도노　　시껜와　　신도이데스
이번 시험은 힘듭니다.

Day 15

324 でかい (데까이) 크다

わたしの 友達は 頭が でかい。
와따시노　토모다찌와 아따마가 데까이
내 친구는 머리가 크다.

325 潔(いさぎよ)い 티끌없이 깨끗하다
이사기요이

かれに いさぎよく あやまる。
카레니　이사기요꾸　아야마루
그에게 깨끗이 사과하다.

326 えぐい (에구이) 아리다

えぐい あじが する。
에구이　아지가　스루
아린 맛이 나다.

327 あだだ (아다다) 요염하다, 부질없다

あだ夢
아다유메
헛된 꿈

328 やぶさかだ 인색하다
야부사까다

自分の 短所を 認めるのに やぶさかでない。
지분노　탄쇼오　미또메루노니　야부사까데나이
자신의 단점을 인정하는 것에 인색하지 않다.

329 ふくよかだ 푹신하다
후꾸요까다

ふくよかな 頬が かわいい。
후꾸요까나　호-가　카와이-
포동포동한 볼이 귀엽다.

330 だてだ 다떼다 　　멋 부리다

だての めがね
다떼노　　메가네
멋으로 쓴 안경

---

331 したたかだ
시따따까다　　만만찮다

したたか たべた。
시따따까　　타베따
실컷 먹었다.

---

332 やっきだ 얏끼다 　　기가 나다

やっきに なって 反対する。
얏끼니　　닛떼　　한따이스루
기를 쓰고 반대하다.

---

333 ぼんくらだ
봉꾸라다　　멍청하다

ぼんくらな やつ
봉꾸라나　　야쯔
멍청한 녀석

---

334 へまだ 헤마다 　　바보 같다

へまを する。
헤마오　　스루
실수를 하다.

---

335 ふかす 후까스 　　담배를 태우다, 티내다

たばこを ふかす。
타바꼬오　　후까스
담배를 피우다.

336 刈(か)る 카루 · 베다, 깎다

髪を 刈る。
카미오 카루
머리를 깎다.

337 はかる 하까루 · 꾀하다

悪事を はかる。
아꾸지오 하까루
나쁜 일을 꾀하다.

338 捻(ひね)る 히네루 · 비틀다, 꼬집다

こしを ひねる。
코시오 히네루
허리를 뒤틀다.

339 坐(すわ)る 스와루 · 앉다

そのままに すわって ください。
소노마마니 스왓떼 구다사이
그대로 앉아 주십시오.

340 老(お)いる 오이루 · 늙다

おいた 父母が あんじられます。
오이따 후보가 안지라레마스
늙은 부모가 걱정이 됩니다.

341 つながる 츠나가루 · 줄을 잇다

血が つながる。
치가 츠나가루
혈연관계가 있다.

342 **出(で)る** 데루 　　나가다

前に　出て　ください。
まえ　　で
마에니　데떼　구다사이
앞으로 나와 주십시오.

 살아 있는 일본어

＊택시 완전정복

일본 택시는 길이 좌측 통행인지라 운전석 핸들이 오른쪽에 달려 있습니다.
문도 운전자가 자동으로 개폐하는 방식이라 편리합니다. 하지만 편리하다고
다는 아니라고 요금 앞에서 움츠러드는 건 뭘까요!?

タクシー乗り場 　　　　の　　ば	타쿠시–노리바	택시정류장
空車 くうしゃ	쿠–샤	빈차
相乗り あいの	아이노리	합승
回送 かいそう	카이소–	차고에 들어가느라 손님을 태우지 않는 차

Day 15

PART1 83

343 寂(さび)しい
사비시-

쓸쓸하다

彼(かれ)と 別(わか)れて さびしい。
카레또 와까레떼 사비시-
그와 헤어져서 쓸쓸하다.

344 愛(いと)しい
이또시-

사랑스럽다

いとしい わが子(こ)
이또시-   와가꼬
귀여운 내자식

345 緩(ゆる)い 유루이

느슨하다

ズボンが ゆるい。
즈봉가   유루이
바지가 헐겁다.

346 侘(わび)しい
와비시-

쓸쓸하다

わびしい ひとりぐらし
와비시-   히또리구라시
쓸쓸한 독신생활

347 ぼろい 보로이

투자에 비해 이윤이 많다

ぼろい 商売(しょうばい)
보로이   쇼-바이
수지맞는 장사

348	容易(たやす)い	쉽다

타야스이

たやすい 問題が 多かった。
타야스이　　몬다이가　　오-갓따
쉬운 문제가 많았다.

349	あたじけない	째째하다

아따지께나이

あたじけない やつ。
아따지께나이　　　　야쯔
째째한 녀석

350	おどけない	천진난만하다

오도께나이

おどけない 顔
오도께나이　　　카오
천진난만한 얼굴

Day 16

351	まっとうだ	정직하다

맛또-다

かれは まっとうな 人です。
카레와　　맛또-나　　히또데스
그는 정직한 사람입니다.

352	大(おお)どかだ	태평하다

오-도까다

おおどかな 性格
오-도까나　　　세-까꾸
태평한 성격

353	すこやかだ	튼튼하다

스꼬야까다

すこやかに 育つ。
스꼬야까니　　소다쯔
건강하게 자라다.

354 がさつだ 가사쯔다 덜렁대다

彼女(かのじょ)は かさつものです。
카노죠와　카사쯔모노데스
그녀는 덜렁이입니다.

355 空(から)っぽだ 텅비다
카랏뽀다

空(から)っぽな 財布(さいふ)
카랏뽀나　사이후
텅빈 지갑

356 つぶらだ 츠부라다 둥글고 귀엽다

つぶらな ひとみ
츠부라나　히또미
동그랗고 귀여운 눈동자

357 なおざりだ 소홀하다
나오자리다

今年(ことし)に なって 勉強(べんきょう)を なおざりに する。
코또시니　낫떼　벵교-오　나오자리니　스루
올해 들어 공부를 소홀히 하다.

358 ちぐはぐだ 짝짝이다
치구바구다

ちぐばぐの 手袋(てぶくろ)
치구바구노　테부꾸로
짝짝이 장갑

359 走(はし)る 하시루 달리다

もっと はやく はしって ください。
못또　하야꾸　하싯떼　구다사이
좀 더 빨리 달려 주십시오.

360 **預(あず)かる**
아즈까루

맡다, 보관하다

貴重品(きちょうひん)を 預(あず)かって いる。
키쪼-힝오　아즈깟떼　　이루
귀중품을 맡고 있다.

---

361 **腐(くさ)る** 쿠사루

썩다

さかなの くさった におい
사까나노　　쿠삿따　　니오이
생선 썩은 냄새

---

362 **悔(く)いる** 쿠이루

후회하다

くいても しかたが ない。
쿠이떼모　　시까따가　　나이
후회해도 소용이 없다.

---

363 **ひろまる** 히로마루

넓어지다

うわさが ひろまって いる。
우와사가　　히로맛떼　　이루
소문이 퍼지고 있다.

---

364 **あるく** 아루꾸

걷다

あるいて 20分(ぷん)ほど かかります。
아루이떼　니쥿 뿐호도　　카까리마스
걸어서 20분 정도 걸립니다.

---

365 **驚(おどろ)く**
오도로꾸

놀라다

そとの 大(おお)きい 音(おと)に おどろいた。
소또노　오-끼-　　오또니 오도로이따
밖의 큰 소리에 놀랐다.

貸(か)す 카스　　　빌려주다

辞典<small>じてん</small>を 貸<small>か</small>して ください。
지뗑오　　카시떼　구다사이
사전을 빌려 주십시오.

살아 있는 일본어

우리말의 순서와는 다른 일본어들입니다. 읽는 방법이 바뀐 것도 있습니다.

約婚 （×）	婚約 （○）	콩야꾸	약혼
物品 （×）	品物 （○）	시나모노	물건
労苦 （×）	苦労 （○）	쿠로-	노고
賢母良妻（×）	良妻賢母（○）	료-사이껨보	현모양처

367 **しぶとい** 시부또이 | 고집이 세다

あのこは しぶとい やつだ。
아노꼬와   시부또이   야쯔다
그 녀석은 고집이 센 녀석이다.

368 **粘(ねば)い** 네바이 | 끈질기다, 느끼하다(맛)

ねばい ひとは いやだ。
네바이   히또와   이야다
끈질긴 녀석은 싫다.

369 **ひだるい** 히다루이 | 배고프다

あさから ひだるくて たまらない。
아사까라   히다루꾸떼   타마라나이
아침부터 배가 고파 견딜 수가 없다.

370 **おもはゆい**
오모하유이 | 낯간지럽다

彼(かれ)に なんだか おもはゆい 気持(きもち)が する。
카레니 난다까   오모하유이   키모찌가   스루
그에게 왠지 부끄러운 생각이 든다.

371 **ほしい** 호시- | ~하고 싶다

かれは 車(くるま)が ほしい。
카레와   쿠루마가 호시-
그는 차를 갖고 싶어 한다.

372 おっかない
옷까나이

무섭다

おっかない　ゆめ
옷까나이　　　유메
무서운 꿈

373 はしたない
하시따나이

버릇없다, 상스럽다

かれの　はしたない　振舞に　がっかりした。
카레노　　하시따나이　　후루마이니　갓까리시따
그의 버릇없는 행동에 실망했다.

374 しわい　시와이

인색하다

しわい　おおやさん
시와이　　오-야상
인색한 주인

375 ちゃちだ　챠찌다

싸다

ちゃちな　品は　買わないで　ください。
챠찌나　　시나와　카와나이데　　　구다사이
싸구려 물건은 사지 마십시오.

376 よこしまだ
요꼬시마다

부정하다

よこしまな　考えは　しないで　ください。
요꼬시마나　　캉가에와　시나이데　　　구다사이
부정한 생각은 하지 마십시오.

377 のろまだ　노로마다

아둔하다

のろまな　やつは　いりません。
노로마나　　야쯔와　이리마셍
아둔한 녀석은 필요 없습니다.

378 **かたくなだ**
カ타꾸나다

완고하다

かたくなな 態度が 気に 入りません。
카타꾸나나 　타이도가 　키니 　이리마셍
완고한 태도가 마음에 들지 않습니다.

---

379 **いなせだ** 이나세다

멋있고 호기 있다

韓国には いなせな 若者が 多い。
캉꼬꾸니와 　이나세나 　와까모노가 오-이
한국에는 멋있고 호기 있는 젊은이가 많다.

---

380 **たわわだ** 타와와다

휘어질 정도다

枝も たわわに 実る。
에다모 타와와니 　미노루
가지가 휘어질 정도로 열매가 열리다.

---

381 **やんちゃだ** 양짜다

떼쓰다

やんちゃを 言う。
양짜오 　　　　이우
떼를 쓰다.

---

382 **みだりだ** 미다리다

마구 행동하다

みだりに ふるまっては いけません。
미다리니 　후루맛떼와 　　　이께마셍
마구 행동해서는 안 됩니다.

---

383 **率(ひき)いる**
히끼이루

인솔하다

こどもたちを ひきいて 試合に 参加する。
코도모다찌오 　히끼이떼 시아이니 상까스루
아이들을 인솔해 시합에 참가하다.

---

384 わびる 와비루　　　사과하다

あやまちを わびる。
아야마찌오　　　와비루
잘못을 사과하다.

---

385 慌(あわ)てる
아와떼루　　　당황하다

あわてて なにも できなかった。
아와떼떼　　　나니모　　　데끼나깟따
당황해서 아무것도 할 수 없었다.

---

386 たたむ 타따무　　　접다, 개다

ふとんを たたむ。
후똥오　　　타따무
이부자리를 개다.

---

387 比(くら)べる
쿠라베루　　　비교하다

かれは あにに くらべて 背が 高いです。
카레와　　　아니니　　　쿠라베떼　　세가　　타까이데스
그는 형에 비해서 키가 큽니다.

---

388 建(た)つ 타쯔　　　세워지다

国際中学校が 建つ。
콕사이쮸-갓꼬-가　　　타쯔
국제중학교가 세워지다.

---

389 離(はな)れる
하나레루　　　떨어지다

故郷を 離れて 暮して います。
코꾜-오　　　하나레떼　　쿠라시떼　　이마스
고향을 떠나서 살고 있습니다.

---

390 食(た)べる 타베루 먹다

あなたは 朝 何を 食べますか。

아나따와　　아사 나니오　타베마스까

당신은 아침에 무엇을 먹습니까?

살아 있는 일본어

*~박 ~일

いっぱくふつか	잇빠꾸후쯔까	1박 2일
にはくみっか	니하꾸밋까	2박 3일
さんぱくよっか	삼빠꾸욧까	3박 4일

日帰り　　　　　　히가에리　　　　　　당일치기

二泊三日の予定　니하꾸밋까노 요떼~　2박 3일 예정

---

391 **厚(あつ)かましい** 뻔뻔하다

아쯔까마시–

あつかましい やつ。

아쯔까마시–　야쯔

뻔뻔한 녀석

---

392 **痛(いた)ましい** 참혹하다

이따마시–

痛ましい 現場

이따마시–　켐바

참혹한 현장

---

393 **怪(あや)しい** 수상하다

아야시–

あの 人は どうも あやしい。

아노　히또와　도–모　아야시–

저 사람은 아무래도 수상하다.

---

394 **いちじるしい** 현저하다

이찌지루시–

今月は いちじるしく 増えた。

콩게쯔와　이찌지루시꾸　후에따

이번 달은 현저히 늘었다.

---

395 **おぼしい** 오보시– ~로 생각되다

目撃者と おぼしい おとこ

모꾸게끼샤또　오보시–　오또꼬

목격자로 생각되는 사나이

---

396 **もどかしい**
모도까시―

답답하다, 안타깝다, 굼뜨다

かれは 食事を するのも
しょくじ
카레와　　쇼꾸지오　스루노모

もどかしがって いた。
모도까시갓떼　　　이따

그는 식사를 하는 것조차 답답해 하고 있었다.

---

397 **酸(す)い** 스이

시다

酸い 味が ある。
す　　あじ
스이　아지가　아루

신맛이 있다.

---

398 **きわどい** 키와도이

아슬아슬하다

かれらの きわどい 運命
うんめい
카레라노　키와도이　움메―

그들의 아슬아슬한 운명

---

399 **細(こま)かだ**
코마까다

자세하다

細かに 説明して ください。
こま　　せつめい
코마까니　세쯔메―시떼　구다사이

자세히 설명해 주세요.

---

400 **真(ま)っ青(さお)だ**
맛사오다

새파랗다

顔が 真っ青に なる。
かお　　ま　さお
카오가　맛사오니　　나루

얼굴이 새파랗게 되다.

---

401 **手荒(てあら)だ**
테아라다

거칠다

てあらに あつかわないで ください。
테아라니　　아쯔까와나이데　　　　구다사이

거칠게 다루지 말아 주십시오.

402 手短(てみじか)だ　　간략하다
테미지까다

てみじかに 話(はな)して ください。
테미지까니　　하나시떼　　구다사이
간략하게 말씀해 주십시오.

---

403 気紛(きまぐ)れだ　　변덕스럽다
키마구레다

きまぐれな かのじょの 性質(せいしつ)
키마구레나　　카노죠노　　세-시쯔
변덕스러운 그녀의 성격

---

404 華(はな)やかだ　　화려하다
하나야까다

はなやかな イブニングドレス。
하나야까나　　이부닝구도레스
화려한 이브닝드레스

---

405 密(ひそ)かだ　　가만히, 몰래함
히소까다

ひそかに あわないで ください。
히소까니　　아와나이데　　구다사이
몰래 만나지 마십시오.

---

406 柔(やわ)らかだ　　부드럽다
야와라까다

柔(やわ)らかな 豆腐(とうふ)
야와라까나　　토-후
부드러운 두부

---

407 腫(は)れる　하레루　　붓다

朝(あさ)まで 顔(かお)が 腫(は)れて いる。
아사마데　카오가　하레떼　　이루
아침까지 얼굴이 부어 있다.

---

408 狂(くる)う 쿠루-

미치다, 고장이 나다

かけごとに くるう。
카께고또니　쿠루-
도박에 미치다.

409 祝(いわ)う 이와우

축하하다

誕生日を 祝う。
탄죠-비오　이와우
생일을 축하하다.

410 強(し)いる 시이루

강요하다

酒を 強いる。
사께오 시이루
술을 강요하다.

411 払(はら)う 하라우

지불하다, 제거하다

部屋代を 払う。
헤야다이오　하라우
방값을 지불하다.

412 行(い)く 이꾸

가다

早く 行かなければ なりません。
하야꾸 이까나께레바　　나리마셍
빨리 가지 않으면 안 됩니다.

413 動(うご)かす
우고까스

움직이게 하다

心を 動かす 力が ある。
코꼬로오 우고까스 치까라가 아루
마음을 움직이는 힘이 있다.

414 磨(みが)く 미가꾸 닦다

歯を 磨いて います。
하오 · 미가이떼 이마스
이를 닦고 있습니다.

살아 있는 일본어

* ナウい・はやる은 무슨 의미!?

새로운 말을 만들어내기로 유명한 일본인들, ナウい의 경우 영어의 now
(ナウ)에 い를 붙여 형용사화 시킨 것이고 はやる는 はやい(빠르다)라는
형용사를 동사화 시킨 것입니다. 하루가 다르게 쏟아져 나오는 말들 때문
에 신조어사전까지 있을 정도이니 참으로 대단한 것 같습니다.

ナウい 나우이 현대적으로 호감이 가다
はやる 하야루 유행하다

월 일 요일

---

415 **ねつい** 네쯔이 | **끈질기다**

ねつい 人
네쯔이 히또
끈질긴 사람

---

416 **こすい** 코스이 | **간사하다**

こすい 人が きらいです。
코스이 히또가 키라이데스
간사한 사람을 싫어합니다.

---

417 **危(あや)うい**
아야우이 | **고통스럽다**

危うい 目に あう。
아야우이 메니 아우
고통스러운 일을 당하다.

---

418 **あわい** 아와이 | **담백하다**

あわい 味
아와이 아지
담백한 맛

---

419 **えがらい** 에가라이 | **아릿하다**

えがらい 味が する。
에가라이 아지가 스루
아릿한 맛이 나다.

---

420 むさい　무사이　　　**지저분하다**

むさい ところですが、どうぞ。
무사이　　도꼬로데스가　　　도-조
누추한 곳입니다만, 들어오십시오.

---

421 どぎつい　도기쯔이　　**칙칙하다**

どぎつい 言葉
도기쯔이　　코또바
자극적인 말

---

422 うい　우이　　　　**고통스럽다**

ういものが きらいです。
우이모노가　　　키라이데스
괴로운 것을 싫어합니다.

---

423 ありのままだ
아리노마마다　　　**그대로다**

ありのままに 話して ください。
아리노마마니　　　하나시떼　구다사이
있는 그대로 말해 주세요.

---

424 暖(あたた)かだ　　**따뜻하다**
아따따까다

春は あたたかいです。
하루와　아따따까이데스
봄은 따뜻합니다.

---

425 静(しず)かだ　　　**조용하다**
시즈까다

静かな 部屋が ほしいです。
시즈까나　헤야가　　호시-데스
조용한 방을 원합니다.

426 平(たい)らかだ
타이라까다

평평하다

平らかな 世の中
たい　　　　よ　なか
타이라까나　요노나까
평탄한 세상

427 捨(す)て鉢(ばち)だ
스떼바찌다

자포자기하다

捨て鉢に なる。
す　ばち
스떼바찌니　나루
자포자기하다.

428 生(き)まじめだ
키마지메다

고지식하다

きまじめで 話しも 通じない。
はな　　　つう
키마지메데　하나시모　츠-지나이
고지식해서 말도 통하지 않는다.

429 気早(きばや)だ
키바야다

성급하다

きばやな 人は きらいです。
ひと
키바야나　히또와　키라이데스
성급한 사람은 싫습니다.

430 身軽(みがる)だ
미가루다

경쾌하다

身軽な 服装が いいです。
み がる　　ふく そう
미가루나　후꾸소-가　이-데스
경쾌한 복장이 좋습니다.

431 乗(の)る 노루

타다

次の バスに 乗って ください。
つぎ　　　　　の
츠기노　바스니　놋떼　구다사이
다음 버스를 타십시오.

432 詰(つ)まる 츠마루 | 가득 차다, 막히다

今週は 仕事が 詰まって いて
콘슈-와　시고또가　츠맛떼　　　이떼

いそがしいです。
이소가시-데스

이번 주는 일이 밀려 있어서 바쁩니다.

433 含(ふく)める
후꾸메루 | 포함시키다, 납득하다

これも 含めて ください。
코레모　후꾸메떼　구다사이

이것도 포함해 주세요.

434 限(かぎ)る 카기루 | 한정하다

この クラスは 20名以内に
코노　쿠라스와　　　니쥬-메-이나이니

かぎられて いる。
카기라레떼　　　이루

이 클래스는 20명 이내로 한정돼 있다.

435 重(かさ)なる
카사나루 | 포개지다, 겹치다

テストと 誕生日が 重なる。
테스토또　　탄죠-비가　　카사나루

테스트와 생일이 겹치다.

436 忍(しの)ぶ 시노부 | 숨다, 견디다

つらさを しのぶ。
츠라사오　시노부

괴로움을 견디다.

437 **尽(つ)くす** 츠꾸스 **다하다**

くに つ
国に 尽くす。
쿠니니 츠꾸스
나라를 위해 전력을 다하다.

438 **生(い)ける** 이께루 **살리다**

い ばな
生け花
이께바나
꽃꽂이

Day 19

살아 있는 일본어

＊반인분·1인분·2인분·곱빼기!!

반인분에서부터 곱빼기까지 주문을 해보기로 할까요!?

はんにんまえ
半人前 항닝마에 반인분

いちにんまえ
一人前 이치닝마에 1인분

に にんまえ
二人前 니닝마에 2인분

おお も
大盛り 오-모리 곱빼기

월 일 요일

---

439 ねつい 네쯔이 | 끈질기다

金本さんは ねつい 人です。
카네모또상와 　 네쯔이 　 히또데스
가네모토 씨는 끈질긴 사람입니다.

---

440 憂(う)い 우이 | 고통스럽다

人生は 憂いものです。
진세-와 　 우이모노데스
인생은 괴로운 것입니다.

---

441 狡(こす)い 코스이 | 간사, 교활하다

こすい ことは するな。
코스이 　 고또와 　 스루나
교활한 짓은 하지 마.

---

442 危(あや)うい
아야우이 | 위험하다

危うい 目に あう。
아야우이 　 메니 　 아우
위험한 상황에 처하다.

---

443 えがらい 에가라이 | 아릿하다

えがらい 味が する。
에가라이 　 아지가 스루
아릿한 맛이 나다.

---

444 淡(あわ)い　아와이　담백하다

この サラダは 淡^{あわ}いです。

코노　사라다와　아와이데스

이 샐러드는 담백합니다.

445 止(や)ん事無(ごとな)い　양고또나이　각별하다, 어쩔 수 없다

やんごとない 生^うまれ

양고또나이　우마레

각별한 출생

446 どぎつい　도기쯔이　칙칙하다

どぎつい 化粧^{け しょう}

도기쯔이　케쇼-

칙칙한 화장

447 ありのままだ　아리노마마다　그대로다

ありのままに 話^{はな}して ください。

아리노마마니　하나시떼　구다사이

있는 그대로 말해 주세요.

448 平(たい)らかだ　타이라까다　평평하다

平^{たい}らかな 世^よの中^{なか}が つづく。

타이라까나　요노나까가　츠즈꾸

평탄한 세상이 계속되다.

449 暖(あたた)かだ　아따따까다　따뜻하다

冬^{ふゆ}にしては 少^{すこ}し あたたかすぎる。

후유니시떼와　스꼬시　아따따까스기루

겨울치고는 너무 따뜻하다.

450 静(しず)かだ
시즈까다

조용하다

静かな 席に 予約して ください。
しず　　せき　　よやく

시즈까나　세끼니　요야꾸시떼　구다사이

조용한 자리로 예약해 주세요.

451 生(き)まじめだ
키마지메다

고지식하다

彼は あまりにも 生まじめだ。
かれ　　　　　　　き

카레와　아마리니모　키마지메다

그는 너무나 고지식하다.

452 捨(す)て鉢(ばち)だ
스떼바찌다

자포자기다

捨て鉢に なる。
す　　ばち

스떼바찌니　나루

자포자기가 되다.

453 気早(きばや)だ
키바야다

성급하다

彼の 気早な 性格が きらいです。
かれ　きばや　せいかく

카레노　키바야나　세-까꾸가　키라이데스

그의 성급한 성격을 싫어합니다.

454 身軽(みがる)だ
미가루다

경쾌하다

身軽な 身じたく
みがる　み

미가루나　미지따꾸

경쾌한 몸놀림

455 転(ころ)ぶ 코로부

쓰러지다, 넘어지다

階段で すべって 転ぶ。
かいだん　　　　　ころ

카이단데　스벳떼　코로부

계단에서 미끄러져 넘어지다.

456 埋(う)める　우메루　묻다

赤字を 埋める。
아까지오　우메루
적자를 메우다.

457 太(ふと)る　후또루　살찌다, 불다

まるまると 太った かわいい 子供
마루마루또　후똣따　카와이-　코도모
포동포동하게 살찐 귀여운 아이

458 書(か)く　카꾸　쓰다

ここに 暗証番号を 書いて ください。
코꼬니　앙쇼-방고-오　카이떼　구다사이
여기에 비밀번호를 써주세요.

459 交(まじ)わる　마지와루　교제하다, 교차하다

山本さんと 親しく 交わる。
야마모또상또　시따시꾸　마지와루
야마모토상과 친하게 사귀다.

460 結(ゆ)う　유-　묶다, 따다

髪を 結う。
카미오 유-
머리를 땋다.

461 荒(あら)す　아라스　망치다

嵐で 作物を 荒す。
아라시데 사꾸모쯔오 아라스
폭풍우로 작물을 망치다.

462	衰(おとろ)える 오또로에루	쇠약해지다, 쇠퇴하다

たいりょく　おとろ
体力が 衰える。
타이료꾸가 오또로에루

체력이 약해지다.

463	済(す)む 스무	끝나다

す　　　　　　　しかた
済んだ ことは 仕方が ないです。
슨다　　　고또와　　시까따가　나이데스

끝난 일은 할 수가 없습니다.

464	食(く)らう 쿠라우	먹다, 마시다, 당하다

こ ごと　　く
小言を 食らう。
코고또－　쿠라우

꾸중을 듣다.

살아 있는 일본어

*유명 패스트푸드점

ロッテリア	롯테리아	롯데리아
バーガーキング	바－가－킹구	버거킹
マクドナルド	마쿠도나루도	맥도날드
ケンタッキー フライドチキン	켄탓키－ 후라이도치킹	KFC

월 일 요일

---

465 **ばかばかしい**
바까바까시-

어리석다, 엄청나다

ばかばかしい お話で 信じられない。
바까바까시-　　오하나시데 신지라레나이
너무 황당한 얘기라 믿을 수 없다.

---

466 **慎(つつ)ましい**
츠쯔마시-

조심스럽다

慎ましい 態度が 気に 入りました。
츠쯔마시-　　타이도가　키니　이리마시따
조심스런 태도가 맘에 듭니다.

---

467 **ふさわしい**
후사와시-

어울리다

彼女に ふさわしい コート
카노죠니　후사와시-　　코-토
그녀에게 어울리는 코트

---

468 **て(照)れくさ(臭)い**
테레꾸사이

멋쩍게 되다

彼は てれくさそうに うつむいて いた。
카레와　테레꾸사소-니　　우쯔무이떼　　이따
그는 멋쩍은 듯이 고개를 숙이고 있었다.

---

469 **さがない** 사가나이

심술궂다

口さがない 連中
쿠찌사가나이　　렌쥬-
남의 험담하기 좋아하는 무리

470 危(あや)うい
아야우이

위험하다

危うい 目に あう。
あや　　　　め
아야우이　메니　아우
위험한 일을 당하다.

471 がめつい　가메쯔이

악착스럽다

がめつい 彼女
かのじょ
가메쯔이　　카노죠
악착스러운 그녀

472 手軽(てがる)い
테가루이

손쉽다

これが 一番 手軽い やり方です。
いちばん　てがる　　　　かた
코레가　이찌방　테가루이　야리까따데스
이것이 가장 손쉬운 방법입니다.

473 高(たか)めだ
타까메다

비싼 듯 하다, 높은 듯 하다

彼女に 高めな テーブル
かのじょ　たか
카노죠니　타까메나　　테-부루
그녀에게 높은 듯한 테이블

474 賑(にぎ)やかだ
니기야까다

번화하다

わたしは にぎやかな 町が すきです。
まち
와따시와　　니기야까나　마찌가　스끼데스
나는 번화한 거리를 좋아합니다.

475 くたくただ
쿠따꾸따다

녹초가 되다, 천 따위가 낡아서 너덜해진 모양

くたくたに なった コート
쿠따꾸따니　　낫따　　코-토
헤질 대로 헤진 코트

476 **きままだ** 키마마다 　방자하다

きままを する。
키마마오　　스루
제멋대로 굴다.

477 **しみったれだ** 　구두쇠다, 인색하다
시밋따레다

しみったれな 人は いやだ。
시밋따레나　　히또와　이야다
인색한 사람은 싫다.

478 **とんちんかんだ** 　엉뚱하다
톤찡깐다

とんちんかんな 答え
톤찡깐나　　　　코따에
엉뚱한 대답

479 **ひたむきだ** 　전념하다, 외곬으로
히따무끼다

ひたむきに 愛して います。
히따무끼니　아이시떼　이마스
외곬으로 사랑하고 있습니다.

480 **おひとよしだ** 　호인이다
오히또요시다

彼は おひとよしです。
카레와　오히또요시데스
그는 호인입니다.

481 **ほめる** 호메루　　칭찬하다

ヒョリさんは ほめるべき 学生です。
효리상와　　　　호메루베끼　각세-데스
효리 씨는 칭찬할 만한 학생입니다.

482 去(さ)る 사루　　떠나다

<ruby>寒<rt>さむ</rt></ruby>さが さった。
사무사가　　삿따
추위가 가셨다.

483 襲(おそ)う 오소우　　습격하다

<ruby>今日<rt>きょう</rt></ruby> みんなで スミスさんの <ruby>家<rt>いえ</rt></ruby>を
쿄-　　민나데　　　스미스상노　　　이에오

おそいました。
오소이마시따
오늘 다들 스미스 씨 집을 들이닥쳤습니다.

484 嘗(な)める 나메루　　핥다

もっと <ruby>食<rt>た</rt></ruby>べたくて <ruby>皿<rt>さら</rt></ruby>を <ruby>嘗<rt>な</rt></ruby>めて います。
못또　　　타베따꾸떼　　사라오　　나메떼　　이마스
더 먹고 싶어서 접시를 핥고 있습니다.

485 織(お)る 오루　　짜다

きぬを <ruby>織<rt>お</rt></ruby>る <ruby>機械<rt>きかい</rt></ruby>
키누오　　오루　　키까이
비단을 짜는 기계

486 置(お)く 오꾸　　두다, 놓다

そのままに <ruby>置<rt>お</rt></ruby>いて ください。
소노마마니　　　오이떼　　　구다사이
그대로 놔 두세요.

487 生(う)まれる
우마레루

태어나다

私は 日本で 生まれました。

와따시와 니혼데　우마레마시따

나는 일본에서 태어났습니다.

488 奪(うば)う 우바우
빼앗다

こづかいを 奪わないで ください。

코즈까이오　우바와나이데　구다사이

용돈을 빼앗지 마세요.

살아 있는 일본어

＊헤어스타일열전

カット	캇토	커트
パーマ	파-마	퍼머
マジック	마짓쿠	매직
ストレートパーマ	스토레-토파-마	줄여서 スト·パ라고도 합니다.

Day 22

월 일 요일

489 目覚(めざ)ましい
메자마시ー

눈부시다

目覚ましい 活躍
메자마시ー　카쯔야꾸
눈부신 활약

490 思(おも)わしい
오모와시ー

바람직하다

この 結果は 思わしくない。
코노　켓까와　오모와시꾸나이
이 결과는 바람직하지 않다.

491 忙(いそが)しい
이소가시ー

바쁘다

忙しくて 時間が ない。
이소가시꾸떼 지깡가　나이
바빠서 시간이 없다.

492 塩辛(しおから)い
시오까라이

짜다

この 汁は 塩辛い。
코노　시루와 시오까라이
이 국은 짜다.

493 口堅(くちがた)い
쿠찌가따이

입이 무겁다

彼は 口堅い 人です。
카레와 쿠찌가따이 히또데스
그는 입이 무거운 사람입니다.

114　1달만에 익히는 일본어 voca

494 忌(いま)わしい 꺼림직하다
이마와시-

まことに いまわしいです。
마꼬또니　이마와시-데스
정말 꺼림직합니다.

495 鈍(のろ)い 노로이 둔하다, 느리다

動作が 鈍い人
도-사가　노로이 히또
동작이 느린 사람

496 かたじけない 호의에 감사하다
카따지께나이

それは ほんとうに かたじけないが
소레와　혼또-니　　카따지께나이가
그것은 정말 감사하지만

497 目深(まぶか)だ 깊이 눌러쓰다
마부까다

ぼうしを 目深に かぶる。
보-시오　　마부까니 카부루
모자를 깊이 눌러 쓰다.

Day 22

498 気短(きみじか)だ 조급하다, 성급하다
키미지까다

彼女は 気短な 人です。
카노죠와　키미지까나 히또데스
그녀는 성미가 급한 사람입니다.

499 上(うわ)の空(そら)だ 건성이다
우와노소라다

彼女の 話を 上の空で 聞く。
카노죠노　하나시오 우와노소라데 키꾸
그녀의 말을 건성으로 듣다.

500 伸(の)びやかだ
노비야까다

평온하다

<ruby>独娘<rt>ひとりむすめ</rt></ruby>を のびやかに そだてる。
히또리무스메오 노비야까니　소다떼루
외동딸을 구김살없이 키우다.

---

501 当(あ)て外(はず)れだ
아떼하즈레다

기대, 짐작이 벗어나다

<ruby>成績<rt>せいせき</rt></ruby>は <ruby>当<rt>あ</rt></ruby>て<ruby>外<rt>はず</rt></ruby>れだった。
세-세끼와　아떼하즈레닷따
성적은 기대 밖이었다.

---

502 手近(てぢか)だ
테지까다

가까이 있다

<ruby>市場<rt>いちば</rt></ruby>は すぐ <ruby>手近<rt>てぢか</rt></ruby>に ある。
이찌바와　스구　테지까니　아루
시장은 바로 이웃에 있다.

---

503 黄色(きいろ)だ
키이로다

노랗다

きいろな ズボン
키이로나　즈봉
노란 바지

---

504 なさけしらずだ
나사께시라즈다

몰인정하다

<ruby>渡辺<rt>わたなべ</rt></ruby>さんは <ruby>情<rt>なさ</rt></ruby>け<ruby>知<rt>し</rt></ruby>らずの <ruby>人<rt>ひと</rt></ruby>です。
와따나베상와　나사께시라즈노　히또데스
와따나베 씨는 몰인정한 사람입니다.

---

505 育(そだ)てる
소다떼루

키우다

<ruby>子<rt>こ</rt></ruby>を <ruby>健康<rt>けんこう</rt></ruby>に <ruby>育<rt>そだ</rt></ruby>てる。
코오　켕꼬-니　소다떼루
아이를 건강하게 키우다.

506 **報(むく)いる** 보답하다
무꾸이루

先生の 恩に 報いる。
센세-노 옹니 무꾸이루
선생님의 은혜에 보답하다.

507 **加(くわ)わる** 가하다, 더해지다
쿠와와루

車の 速度が 加わる。
쿠루마노 소꾸도가 쿠와와루
자동차의 속도가 가해지다.

508 **渡(わた)す** 와따스 건네주다

大家さんに 金を わたす。
오-아상니 카네오 와따스
집주인에게 돈을 주다.

509 **いただく** 이따다꾸 앉다, 모시다(たべる, のむ, もらう의 겸양어)

いただきます。
이따다끼마스
잘 먹겠습니다.

510 **呪(のろ)う** 노로- 저주하다

呪われた 運命が きらい。
노로와레따 움메-가 키라이
저주받은 운명이 싫다.

511 **習(なら)う** 나라우 배우다

これは だれに 習いましたか。
코레와 다레니 나라이마시따까
이것은 누구에게 배웠습니까?

Day 22

黙(だま)る 다마루 　가만히 있다

黙^{だま}っていて 何^{なに}も 言^いわない。

다맛떼이떼　　나니모　이와나이

묵묵히 아무말도 없다.

살아 있는 일본어

＊일본의 식사예절

　한국, 일본은 알다시피 젓가락 문화권의 나라입니다. 하지만 그 사용법은
조금씩 다른데 진중히 그릇을 내려놓고 밥과 국은 수저로, 반찬은 젓가락을
사용하는 우리에 비해 일본인들은 밥그릇과 국그릇을 들고 먹으며, 국물의
건더기도 젓가락으로 건져먹습니다. 국물은 후루룩 후루룩 소리내며 맛있게
먹고, 식구끼리도 개인용 그릇을 고집하는 그들, 그래서 색색가지로 각자
개인 젓가락을 고집한다는 데 뭐든지 세트 개념이 분명한 우리와는 조금은
대조적으로 보입니다. 문화는 문화일 뿐 그이상도 이하도 아닙니다. 담담하
게 다름을 인정하고 받아들이는 것이 현명하지 않을까요!?

Day 23

513 　**疎(うと)い** 우또이　｜　서먹서먹하다

日々に うとい 関係
히비니　　우또이　　캉께-
날이 갈수록 소원한 관계

514 　**不甲斐(ふがい)ない**　｜　칠칠치 못하다
후가이나이

彼は 不甲斐ない 人です。
카레와　후가이나이　　히또데스
그는 칠칠치 못한 사람입니다.

515 　**けうとい** 케우또이　｜　불쾌하다

けうとい 事件
케우또이　　지껭
불쾌한 사건

516 　**ちょろい** 쵸로이　｜　쉽다

ちょろい 問題
쵸로이　　몬다이
쉬운 문제

517 　**倹(つま)しい**　｜　검소하다, 알뜰하다
츠마시-

夫婦が つましく 暮す。
후-후가　츠마시꾸　　쿠라스
부부가 검소하게 살다.

---

518 **労(いたわ)しい**
이따와시-

가엾다, 딱하다

労しい こども
いたわ
이따와시- 코도모
가엾은 아이

---

519 **物堅(ものがた)い**
모노가따이

의리있다

物堅い 友達
もの がた　 とも だち
모노가따이 토모다찌
의리있는 친구

---

520 **重苦(おもくる)しい**
오모꾸루시-

답답하다

こんなに 重苦しい ふんいきは はじめてです。
おもくる
콘나니　　 오모꾸루시- 훙이끼와　　　하지메떼데스
이렇게 무거운 분위기는 처음입니다.

---

521 **おしゃべりだ**
오샤베리다

수다쟁이다

よしこさんは おしゃべりです。
요시꼬상와　　　 오샤베리데스
요시꼬 씨는 수다쟁이입니다.

---

522 **手頃(てごろ)だ**
테고로다

적당하다

値段も 手頃で 気に 入りました。
ね だん　 て ごろ　 き　 い
네단모　　 테고로데　 키니　 이리마시따
가격도 적당하고 마음에 듭니다.

---

523 **物好(ものず)きだ**
모노즈끼다

호기심이 많다

物好きにも ほどが ある これは 何ですか。
もの ず　　　　　　　　　　　　　　　　　 なん
모노즈끼니모　 호도가　 아루　 코레와　 난데스까
유별나도 분수가 있지 이게 뭡니까?

---

524 不向(ふむ)きだ
후무끼다

적합하지 않다

わたしには 不向きの 仕事だ。
와따시니와   후무끼노   시고또다
나에게는 맞지 않는 일이다.

525 手(て)まめだ
테마메다

부지런하다

朝から 手まめに 働く。
아사까라 테마메니   하따라꾸
아침부터 부지런히 일합니다.

526 大童(おおわらわ)だ
오-와라와다

정신이 없다

大わらわに なって 勉強した。
오-와라와니   낫떼   벵꾜-시따
정신 없이 공부했다.

527 朧気(おぼろげ)だ
오보로게다

어슴프레하다

おぼろけにしか 思いだせない 記憶
오보로게니시까   오모이다세나이   키오꾸
아련하게밖에는 기억해낼 수 없는 기억

528 ひかえめだ
히까에메다

소극적이다

ひかえめな 態度は よくない。
히까에메나   타이도와   요꾸나이
소극적인 태도는 좋지 않다.

529 祈(いの)る 이노루
기도하다, 빌다

先生の 健康を 祈る。
센세-노 켕꼬-오 이노루
선생님의 건강을 기원하다.

530 なぐる 나구루 | 끌어당기다, 더듬다

書きなぐっては ならない。
카끼나굿떼와　　　나라나이
휘갈겨 쓰면 안됩니다.

531 光(ひか)る 히까루 | 반짝이다, 빛나다

夜空に 星が 光る。
요조라니　호시가　히까루
밤하늘에 별이 빛나다.

532 切(き)らす 키라스 | 다없애다, 쓰다

月給を 切らす。
겟뀨-오　키라스
월급을 다쓰다.

533 明(あか)るむ 아까루무 | 밝아지다

心が 明るむ。
코꼬로가 아까루무
마음이 밝아지다.

534 殴(なぐ)る 나구루 | 때리다

はらが 立って 横つらを なぐる。
하라가　닷떼　　요꼬쯔라오　나구루
화가 나서 따귀를 때리다.

535 及(およ)ぶ 오요부 | 미치다, 이르다

この 期に およんで 何事ですか。
코노　고니　오욘데　　나니고또데스까
이 마당에 와서 무슨 일입니까?

注(そそ)ぐ 소소구 흘러들어가다, 쏟다

目を 注ぐ。
메오 소소구
주목하다.

살아 있는 일본어

*이것이 일본어? 한국어?

そでなし	소데나시	민소매
たくあん	타꾸앙	단무지
ひやし	히야시	차게 함
ちらし	치라시	광고전단
どかた	도까따	공사장 막노동꾼
つめきり	츠메끼리	손톱깎기

아직도 알게 모르게 쓰이는 일본식 한국어, 이제는 우리말로 바꿔 써야 되지 않을까요?

월　일　요일

---

537 事々(ことごと)しい
코또고또시-

과장되다

ことごとしく 言わないで ください。
코또고또시꾸　　이와나이데　　구다사이
과장되게 말하지 마세요.

---

538 軽々(かるがる)しい
카루가루시-

경솔하다

かるがるしい 態度
카루가루시-　　타이도
경솔한 태도

---

539 四角(しかく)い
시까꾸이

네모지다

四角い 彼女の 顔
시까꾸이　카노죠노　카오
네모진 그녀의 얼굴

---

540 恋(こい)しい
코이시-

그립다

恋しい 母
코이시-　하하
그리운 엄마

---

541 疑(うたが)わしい
우따가와시-

의심스럽다

彼の 行動が うたがわしい。
카레노　코-도-가　우따가와시-
그의 행동이 의심스럽다.

---

542 **訝(いぶか)しい**
이부까시-

수상쩍다

訝しい 点が 多い。
이부까시- 텡가 오-이
의심스러운 점이 많다.

---

543 **平(ひら)たい**
히라따이

평평하다

平たい 板を 持って きて ください。
히라따이 이따오 못떼 기떼 구다사이
평평한 판자를 갖고 와 주세요.

---

544 **重(おも)たい**
오모따이

무겁다

今日は 気分が 重たいです。
쿄-와 키붕가 오모따이데스
오늘은 기분이 무겁습니다.

---

545 **びしょびしょだ**
비쇼비쇼다

흠뻑 젖다

服が びしょびしょだ。
후꾸가 비쇼비쇼다
옷이 흠뻑 젖다.

---

546 **こしよわだ**
코시요와다

배짱이 약하다

こしよわな 選択
코시요와나 센따꾸
배짱이 약한 선택

---

547 **さまざまだ**
사마자마다

가지각색이다

世の中には さまざまな 職業が ある。
요노나까니와 사마자마나 쇼꾸교-가 아루
세상에는 가지각색의 직업이 있다.

548 血塗(ちまみ)れだ
치마미레다

피투성이가 되다

血まみれに なった 目
치마미레니　낫따　메
피투성이가 된 눈

549 間抜(まぬ)けだ
마누께다

얼빠진 짓을 하다

間抜けな 事を しては いけません。
마누께나　고또오　시떼와　이께마셍
바보같은 짓을 해서는 안됩니다.

550 嵩高(かさだか)だ
카사다까다

부피가 많다

嵩高な 品は あずけて ください。
카사다까나　시나와　아즈께떼　구다사이
부피가 큰 물건은 맡겨 주세요.

551 あからさまだ
아까라사마다

노골적이다

あからさまに 言えば 不合格です。
아까라사마니　이에바　후고-까꾸데스
분명히 말하면 불합격입니다.

552 出好(でず)きだ
데즈끼다

나가기 좋아하다

出好きな おばあさん
데즈끼나　오바-상
나들이를 좋아하는 할머니

553 怒(いか)らす
이까라스

성나게 하다

きのうの 電話で 彼女を 怒らして しまった。
키노-노　뎅와데　카노죠오 이까라시떼　시맛따
어제의 전화로 그녀를 화나게 해버렸다.

554	浮(う)かれる 우까레루	마음이 들뜨다

桜に 浮かれる。
さくら う

사꾸라니 우까레루

벚꽃에 마음이 들뜨다.

555	競(きそ)う キ소-	다루다, 겨루다

技を 競う 舞台
わざ きそ ぶたい

와자오 키소- 부따이

재주를 겨루는 무대

556	働(はたら)かす 하따라까스	활용하다

頭を 働かす ゲーム。
あたま はたら

아따마오 하따라까스 게-무

두뇌를 쓰는 게임

557	来(き)たす キ따스	오게 하다, 초래하다

失敗を 来たす。
しっぱい き

싯빠이오 키따스

실패를 초래하다.

558	解(ほぐ)す 호구스	풀다

気持ちを ほぐすために うたを うたう。
き も

키모찌오 호구스다메니 우따오 우따우

기분을 풀기 위해 노래를 부르다.

559	揺(ゆ)れる 유레루	흔들리다

この 事件で 心が 揺れる。
じけん こころ ゆ

코노 지껜데 코꼬로가 유레루

이 사건으로 마음이 흔들리다.

Day 24

600 求(もと)める 　　바라다, 구하다
モ또메루

くすりを 求めて います。
쿠스리오 　모또메떼 　이마스
약을 구하고 있습니다.

＊조사 「に」를 붙일 수 없는 것

あさ			きょう		
朝	아사	아침	今日	쿄-	오늘

むかし			こんしゅう		
昔	무까시	옛날	今週	콘슈-	이번 주

こんど			ことし		
今度	콘도	이번	今年	코또시	올해

예 あなたは 朝 何を 食べますか。
아나따와 　아사 나니오 타베마스까
당신은 아침에 무엇을 먹습니까?

601 **限(かぎ)りない**
カギリナイ

한없다

人間の 限りない 欲望
にんげん　　かぎ　　　　　よくぼう
닝겐노　 카기리나이　 요꾸보-
인간의 끝없는 욕망

602 **めざとい** 메자또이

재빠르다

ゆりさんは プレゼントを 目ざとく みつけた。
　　　　　　　　　　　　　　　　め
유리상와　　 푸레젠토오　　　메자또꾸 미쯔께따
유리 씨는 선물을 재빨리 발견했다.

603 **物凄(ものすご)い**
모노스고이

굉장하다, 끔찍하다

物凄い 寒さですね。
もの すご　　さむ
모노스고이 사무사데스네
굉장한 추위군요.

604 **物憂(ものう)い**
모노우이

나른하다

このごろは 学校に 通うのも 物憂い。
　　　　　　　　がっこう　かよ　　　　もの う
코노고로와　　　 갓꼬-니　카요-노모　 모노우이
요즘은 학교에 다니는 것도 귀찮다.

605 **脂(あぶら)っこい**
아부랏꼬이

느끼하다

脂っこい 料理は 嫌い。
あぶら　　　りょうり　　きら
아부랏꼬이 료-리와　 키라이
느끼한 요리는 싫다.

606	福々(ふくぶく)しい	복스럽다

후꾸부꾸시-

ふくぶく かお はな よめ
福々しい 顔つきの 花嫁
후꾸부꾸시- 카오쯔끼노 하나요메
복스러운 얼굴의 신부

607	男(おとこ)らしい	남자답다

오또꼬라시-

き むら おとこ
木村さんは 男らしいです。
키무라상와 오또꼬라시-데스
기무라 씨는 남자답습니다.

608	焦(じ)れったい	안타깝다

지렛따이

じ はな
焦れったい 話しですね。
지렛따이 하나시데스네
안타까운 얘기군요.

609	真(ま)っ直(す)ぐだ	똑바로다

맛스구다

みち い
この道を まっすぐ 行って ください。
코노미찌오 맛스구 잇떼 구다사이
이 길을 똑바로 가십시오.

610	目障(めざわ)りだ	눈에 거슬리다

메자와리다

め ざわ き もの
目障りな 着物
메자와리나 키모노
눈에 거슬리는 옷

611	不釣(ふつ)り合(あ)いだ	어울리지 않다

후쯔리아이다

ふ つ あ くつ
不釣り合いな 靴
후쯔리아이나 쿠쯔
어울리지 않는 구두

612 **気障(きざわ)りだ**
키자와리다

아니꼽다

気障りな やつ。
키자와리나   야쯔
아니꼬운 녀석

---

613 **不得手(ふえて)だ**
후에떼다

잘 못하다

不得手な 科目は 数学です。
후에떼나   카모꾸와   스-가꾸데스
잘 못하는 과목은 수학입니다.

---

614 **耳障(みみざわ)りだ**
미미자와리다

귀에 거슬리다

にかいの テレビの 音が 耳障りだ。
니까이노   테레비노   오또가   미미자와리다
2층 텔레비전 소리가 귀에 거슬린다.

---

615 **不届(ふとど)きだ**
후또도끼다

괘씸하다

不届きな 者
후또도끼나   모노
괘씸한 놈

---

616 **先高(さきだか)だ**
사끼다까다

시세가 오를 기미다

今週は 先高だ。
콘슈-와   사끼다까다
이번 주는 시세가 오를 기미다.

---

617 **宿(やど)す** 야도스

품다, 간직하다

疑いを 胸に 宿す。
우따가이오 무네니 야도스
의심을 가슴에 품다.

Day 25

618 持(も)てる 모떼루 | 인기가 있다

よしこさんは 男に 持てる。
요시꼬상와　　오또꼬니 모떼루
요시꼬씨는 남자에게 인기가 많다.

---

619 助(す)ける 스께루 | 돕다

ははの 仕事を 助けて います。
하하노　시고또오　스께떼　　이마스
어머니의 일을 돕고 있습니다.

---

620 逃(に)がす 니가스 | 놓아주다, 놓치다

逃がした 魚は 大きい。
니가시따　　사까나와 오-끼-
놓친 고기가 더 크다.

---

621 巻(ま)く 마꾸 | 감다

包帯を 巻いて ください。
호-따이오　마이떼　　구다사이
붕대를 감아 주세요.

---

622 あつらえる
아쯔라에루 | 맞추다, 주문하다

カツドン 二人前を あつらえる。
카쯔동　　니님마에오　아쯔라에루
돈가스 덮밥 2인분을 주문하다.

---

623 始(はじ)まる
하지마루 | 시작되다

学期が 始まる。
갓끼가　　하지마루
학기가 시작되다.

624

含(ふく)む 후꾸무 포함되다, 품다

税金を 含めた 価格です。
제-낑오 후꾸메따 카까꾸데스

세금을 포함한 가격입니다.

살아 있는 일본어

＊명함문화

일본인들은 명함 주고받기를 즐겨합니다. 물론 비즈니스 상에서 빠질래야 빠질 수 없는 필수 아이템이긴 하지만 그 예절에도 정중함을 잃지 말아야 할 것입니다. 받는 사람으로서도 최대한의 관심을 표명하고 소중히 다룬다는 인상을 주어야 합니다. 이름을 잘 읽을 수 없을 때는 물어보는 것이 상례이나 요즘에는 뒷면에 영문표기를 하니 잘 확인하도록 합니다.

또한 우리 쪽 이름에도 ふりがな(후리가나; 한자 옆에 읽는 음을 가나로 단 것)를 달아 그네들 마음대로 한자를 읽는 일이 없도록 합시다.

Day 26

□ 월 □ 일 □ 요일

---

625 つまらない
츠마라나이

하찮다

つまらないものですが、どうぞ。
츠마라나이모노데스가 　　　　도-조
별거 아니지만 받으십시오.

---

626 賑(にぎわ)しい
니기와시-

떠들썩하다

賑わしい 街
니기와시- 마찌
번화한 거리

---

627 角(かく)い 카꾸이

모나다

角い 性格
카꾸이 세-까꾸
모난 성격

---

628 受(う)け取(と)れない
우께또레나이

납득이 안가다

受け取れない 話
우께또레나이 　　　하나시
납득이 안 되는 이야기

---

629 息苦(いきぐる)しい
이끼구루시-

숨막히다, 답답하다

教室は 息苦しい。
쿄-시쯔와 이끼구루시-
교실은 답답하다.

134　1달만에 익히는 일본어 voca

630 **ちちくさい**
치찌꾸사이

유치하다

<ruby>乳<rt>ちち</rt></ruby><ruby>臭<rt>くさ</rt></ruby>い <ruby>意見<rt>いけん</rt></ruby>です。

치찌꾸사이 이껜데스

유치한 의견입니다.

---

631 **いじらしい**
이지라시―

갸륵하다

<ruby>子<rt>こ</rt></ruby>の <ruby>心<rt>こころ</rt></ruby>が いじらしい。

코노 코꼬로가 이지라시―

아이의 마음이 갸륵하다.

---

632 **青臭(あおくさ)い**
아오꾸사이

미숙하다, 유치하다

<ruby>青臭<rt>あおくさ</rt></ruby>い <ruby>人<rt>ひと</rt></ruby>

아오꾸사이 히또

풋내기

---

633 **しわくちゃだ**
시와꾸쨔다

몹시 구겨지다

おじいさんの しわくちゃな <ruby>手<rt>て</rt></ruby>

오지―상노   시와꾸쨔나   테

할아버지의 쭈글쭈글한 손

---

634 **恥知(はじし)らずだ**
하지시라즈다

철면피다

<ruby>恥知<rt>はじし</rt></ruby>らずな <ruby>奴<rt>やつ</rt></ruby>

하지시라즈나   야쯔

뻔뻔한 놈

---

635 **月並(つきなみ)だ**
츠끼나미다

진부하다

<ruby>月並<rt>つきな</rt></ruby>みな <ruby>映画<rt>えいが</rt></ruby>は きらいです。

츠끼나미나   에―가와   키라이데스

진부한 영화는 싫어합니다.

636	ふぞろいだ 후조로이다	한결같지 않다

大小 ふぞろいな みかん
다이쇼- 후조로이나　미깡
대소가 고르지 않는 귤

637	事細(ことこま)かだ 코또고마까다	자세하다

現場の 様子を 事細かに 話す。
겐바노　요-스오　코또고마니 하나스
현장의 모습을 자세히 설명하다.

638	気重(きおも)だ 키오모다	침울하다

結果の 発表を 前に して 気重だ。
켓까노　핫뾰-오　마에니　시떼　키오모다
결과의 발표를 앞두고 침울하다.

639	きさんじだ 키산지다	기분이 좋아지다

きさんじな 時間
키산지나　지깡
마음 편한 시간

640	人並(ひとな)みだ 히또나미다	남들만큼 하다

人並みの 生活は したい。
히또나미노　세-까쯔와　시따이
남들만큼의 생활은 하고 싶다.

641	授(さず)かる 사즈까루	사사해주시다

勲章を 授かる。
쿤쇼-오　사즈까루
훈장을 수여해 주시다.

642 埋(うず)もれる
우즈모레루

묻히다

_{はか} _{たから}
墓に うずもれた 宝
하까니 우즈모레따 타까라
무덤에 파묻혀 있는 보물

643 親(した)しむ
시따시무

친하게 지내다

_{かれ} _{し ぜん} _{せい かつ}
彼は 自然に したしむ 生活を して いる。
카레와 시젠니 시따시무 세-까쯔오 시떼 이루
그는 자연을 즐기는 생활을 하고 있다.

644 塗(まみ)れる
마미레루

투성이가 되다

_{あせ} _{はたら}
汗に まみれて 働く。
아세니 마미레떼 하따라꾸
땀투성이가 되어 일하다.

645 恥(は)じらう
하지라우

부끄러워하다

_{はな} _は _{おと め}
花も 恥じらう 乙女
하나모 하지라우 오또메
꽃도 부끄러워 (무색하게)할만큼 아름다운 처녀

646 向(む)ける 무께루
향하다

_{かお} _む
こちらに 顔を 向けて ください。
코찌라니 카오오 무께떼 구다사이
이쪽으로 얼굴을 돌려 주세요.

647 秘(ひ)める 히메루
숨기다

_{こころ} _ひ
心も 秘める。
코꼬로모 히메루
마음 속에 숨기다.

弱(よわ)る 요와루 **약해지다**

だんだん 体が よわる。
당당　　　카라다가 요와루

점점 몸이 쇠약해지다.

살아 있는 일본어

* 「すみません 스미마셍」의 쓰임새

▶ 미안합니다

おそくなって すみません。　　늦어서 미안합니다.
오소꾸낫떼　　　스미마셍

▶ 감사합니다

A: これも どうぞ。　　이것도 드세요.
　　코레모　도-조

B: すみません。　　감사합니다.
　　스미마셍

▶ 저기요, 여보세요 등 식당에서 종업원을 부를 때

すみません。コーヒー二つ。　　저기, 여기 커피 두 잔.
스미마셍　　　코-히-　　후따쯔

월   일   요일

---

649 **寝苦(ねぐる)しい**
네구루시―

감이 잘 안오다

<ruby>暑<rt>あつ</rt></ruby>くて、 <ruby>寝苦<rt>ねぐる</rt></ruby>しい。
아쯔꾸떼   네구루시―

더워서 감이 잘 안오다.

---

650 **気忙(きぜわ)しい**
키제와시―

어수선하다

<ruby>新学期<rt>しんがっき</rt></ruby>は なんとなく <ruby>気忙<rt>きぜわ</rt></ruby>しい。
싱갓끼와   난또나꾸   키제와시―

신학기는 어쩐지 어수선하다.

---

651 **心(こころ)ない**
코꼬로나이

생각없다, 인정 없다

<ruby>心<rt>こころ</rt></ruby>ない <ruby>人<rt>ひと</rt></ruby>たち
코꼬로나이 히또따찌

인정머리없는 사람들

---

652 **似気(にげ)ない**
니게나이

안 어울리다

<ruby>彼女<rt>かのじょ</rt></ruby>に にげない <ruby>行動<rt>こうどう</rt></ruby>
카노죠니   니게나이   코―도―

그녀답지 않은 행동

---

653 **だらしない**
다라시나이

칠칠치 못하다

だらしない ふくそう
다라시나이   후꾸소―

깔끔하지 않은 복장

Day 27

654	愛(あい)らしい 아이라시–	귀엽다, 사랑스럽다

愛らしい 目
あい　　　　　め
아이라시–　　메
사랑스런 눈

655	尤(もっと)もらしい 못또모라시–	그럴듯하다

尤もらしい 説明
もっと　　　　　せつめい
못또모라시–　　세쯔메–
그럴듯한 설명

656	安(やす)っぽい 야슷뽀이	값이 싸다

安っぽい 時計
やす　　　　　とけい
야슷뽀이　　토께–
싸구려 시계

657	気長(きなが)だ 키나가다	느긋하다

気長に 待って ください。
きなが　　ま
키나가니　맛떼　　　구다사이
느긋하게 기다려 주세요.

658	浅(あさ)はかだ 아사하까다	어리석다

浅はかな 行いを 反省する。
あさ　　　　おこな　　　はんせい
아사하까나　오꼬나이오　한세–스루
천박한 행위를 반성하다.

659	小(こ)まめだ 코마메다	부지런하다

彼は 小まめな 人です。
かれ　　こ　　　　　ひと
카레와　코마메나　　히또데스
그는 부지런한 사람입니다.

660 血(ち)みどろだ
치미도로다

피투성이다

血みどろの 苦闘
치미도로노　　쿠또-
피투성이 싸움, 악전고투

---

661 なみなみだ
나미나미다

찰랑찰랑하다

コーラを コップに なみなみと 注ぐ。
코-라오　　콧푸니　　나미나미또　　츠구
콜라를 컵에 찰랑찰랑 따르다.

---

662 こともなげだ
코또모나게다

태연하다

こともなげに 笑う。
코또모나게니　　와라우
아무렇지도 않게 웃다.

---

663 めちゃめちゃだ
메쨔메쨔다

엉망이다

これで デートは めちゃめちゃだ。
코레데　　데-또와　　메쨔메쨔다
이것으로 데이트는 잡쳐졌다.

---

664 雅(みやび)やかだ
미야비야까다

풍치가 있다

田中さんの 庭園は 雅やかだ。
타나까상노　　테-엥와　　미야비야까다
다나까 씨의 정원은 풍치가 있다.

---

665 入(い)る 이루

들어가다

教室に 入る。
쿄-시쯔니 이루
교실에 들어가다.

666 聞(きこ)える
キ꾜에루

들리다

口笛(くちぶえ)の 音(おと)が 聞(き)こえる。
쿠찌부에노 오또가 키꼬에루
휘파람 소리가 들리다.

667 迷(まよ)う 마요-

망설이다, 헤매다

道(みち)に 迷(まよ)いました。
미찌니 마요이마시따
길을 잃었습니다.

668 肥(こ)える 코에루

살찌다, 비옥해지다

肥(こ)えた 土地(とち)
코에따   토찌
비옥한 땅

669 迎(むか)える
무까에루

맞이하다

笑顔(えがお)で 客(きゃく)を 迎(むか)える。
에가오데   카꾸오 무까에루
웃는 얼굴로 손님을 맞이하다.

670 刻(きざ)む キ자무

잘게 썰다, 새기다

玉(たま)ねぎを 刻(きざ)む。
타마네기오   키자무
양파를 잘게 썰다.

671 得(え)る 에루

얻다

この 試験(しけん)で 自信(じしん)を 得(え)る。
코노   시껜데   지싱오   에루
이 시험으로 자신을 얻다.

足(た)りる 타리루　충분하다

これも あれば 足^たります。

코레모　　아레바　타리마스

이것만 있으면 충분합니다.

살아 있는 일본어

＊일본의 공휴일

일본의 공휴일은 대략 다음과 같습니다.

1월 1일	설날
1월 둘째주 일요일	성년의 날(만20세가되는해를 기념, 축하행사를 엽니다.)
2월 11일	건국기념일
3월 20일	춘분(예로부터의 풍습으로 성묘를 합니다.)
4월 29일	식목일, 일명 초록의 날이죠.
5월 3일	헌법기념일
5월 5일	어린이 날 (보통 5월 첫째주 전후, 일명 골든위크라 합니다.)
7월 18일	바다의 날
9월 19일	경로의 날
9월 24일	추분
10월 3일	문화의 날
10월 10일	체육의 날
11월 23일	근로의 날
12월 23일	천황 탄생일

Day27

---

673 馬鹿(ばか)らしい   어리석다
바까라시-

馬鹿らしい 話なんか やめて ください。
<small>ば か　　　　はなし</small>
바까라시-　　하나시낭까　야메떼　구다사이
어처구니 없는 얘기 따위 그만 두세요.

---

674 おこがましい   우습다, 바보같다
오꼬가마시-

おこがましい 話ですが、この 工事は
<small>はなし　　　　　　　こう じ</small>
오꼬가마시-　　하나시데스가　코노　코-지와

私に まかせて ください
<small>わたし</small>
와따시니 마까시떼　구다사이
주제넘은 말입니다만, 이 공사는 저에게 맡겨 주십시오.

---

675 すがすがしい   상쾌하다, 시원하다
스가스가시-

朝の 清々しい 空気
<small>あさ　すが すが　　くう き</small>
아사노 스가스가시-　쿠-끼
아침의 상쾌한 공기

---

676 真(ま)ん丸(まる)い   아주 둥글다
망마루이

真ん丸い 月
<small>ま　まる　つき</small>
망마루이　　츠끼
아주 둥근 달

---

677 **気強(きづよ)い** 마음 든든하다
キズヨイ

<ruby>彼<rt>かれ</rt></ruby>が いるので <ruby>気強<rt>きづよ</rt></ruby>い。
카레가 이루노데　キズヨイ
그가 있어서 마음이 든든하다.

---

678 **ひとくさい** 인기척이 있다
히또꾸사이

<ruby>地下室<rt>ちかしつ</rt></ruby>に ひとくさい。
치까시쯔니　히또꾸사이
지하실에 인기척이 있다.

---

679 **狭苦(せまくる)しい** 좁아서 답답하다
세마꾸루시-

<ruby>狭苦<rt>せまくる</rt></ruby>しい <ruby>所<rt>ところ</rt></ruby>ですが、どうぞ。
세마꾸루시-　도꼬로데스가　도-조
비좁은 곳이지만, 자, 들어오십시오.

---

680 **鹿爪(しかつめ)らしい** 그럴듯하게 점잖빼다
시까쯔메라시-

<ruby>鹿爪<rt>しかつめ</rt></ruby>らしい <ruby>顔<rt>かお</rt></ruby>つき
시까쯔메라시-　카오쯔끼
점잖빼는 표정

---

681 **緩(ゆる)やかだ** 완만하다
유루야까다

<ruby>川<rt>かわ</rt></ruby>の <ruby>流<rt>なが</rt></ruby>れが <ruby>緩<rt>ゆる</rt></ruby>やかだ。
카와노 나가레가　유루야까다
강의 흐름이 완만하다.

---

682 **和(なご)やかだ** 부드럽다
나고야까다

<ruby>学校<rt>がっこう</rt></ruby>の <ruby>雰囲気<rt>ふんいき</rt></ruby>が <ruby>和<rt>なご</rt></ruby>やかです。
갓꼬-노　훙이끼가　나고야까데스
학교 분위기가 따뜻합니다.

683 軽(かろ)やかだ　카로야까다 ── 경쾌하다

軽やかな 服装で 来て ください。
카로야까나　후꾸소-데 키떼　구다사이
가벼운 복장으로 와 주십시오.

684 青(あお)やかだ　아오야까다 ── 싱싱하다

青やかな 白菜。
아오야까나　학사이
싱싱한 배추

685 不似合(ふにあい)だ　후니아이다 ── 어울리지 않다

不似合な カップル
후니아이나　캇푸루
어울리지 않는 커플

686 不慣(ふな)れだ　후나레다 ── 서투르다

不慣れな 腕前
후나레나　우데마에
서투른 솜씨

687 気(き)がかりだ　키가까리다 ── 떨떠름하다

病気の 父の ことが 気がかりだ。
뵤-끼노　치찌노 고또가　키가까리다
병 걸린 아버지가 마음에 걸린다.

688 つやけしだ　츠야께시따 ── 흥깨다

つやけしな 事を 言うな。
츠야께시나　코또오 이우나
흥깨는 소리 마라.

689 **湧(わ)く** 와꾸 　　끓다, 샘솟다

数学に 興味が わく。
스-가꾸니 쿄-미가　와꾸
수학에 흥미가 있다.

690 **切(き)る** 키루 　　베다, 끊다

どのように 切りましょうか。
도노요-니　키리마쇼-까
어떻게 자를까요?

691 **煎(い)る** 이루 　　볶다

ごまを いる。
고마오　이루
깨를 볶다.

692 **射(い)る** 이루 　　(활을) 쏘다

的に 矢を 射る。
마또니 야오 이루
과녁에 활을 쏘다.

Day 28

693 **伴(ともな)う**
토모나우 　　함께 가다, 동반하다

友達を ともなって 出かける。
토모다찌오 토모낫떼　데까께루
친구를 데리고 나서다.

694 **甘(あま)える**
아마에루 　　어리광 부리다

お言葉に 甘えて そうさせていただきます。
오고또바니　아마에떼 소-사세떼이따다끼마스
호의를 받아들여 그렇게 하겠습니다.

695 生(は)える 하에루 | 나다

ひげが 生える。
히게가   하에루
수염이 나다.

---

696 止(や)める 야메루 | 그만두다, 중지하다

会社を 止めたいです。
카이샤오   야메따이데스
회사를 그만두고 싶습니다.

 살아 있는 일본어

* どうぞ   도-조   부디, 제발

이 「どうぞ」란 말은 그 자체만으로도 훌륭한 의사표현이 되곤 하는데 영어
의 please와 같이 권유나 허가를 나타내는 말로 쓰입니다.

どうぞ、こちらへ。   이쪽으로 오십시오.
도-조   코찌라에

お茶を どうぞ。   차 드세요.
오쨔오   도-조

697 **まあたらしい**
마아따라시-

아주 새롭다

まあたらしい ツーピース
마아따라시- 츠-피-스
아주 새로운 투피스

---

698 **そらおそろしい**
소라오소로시-

왠지 두렵다

そらおそろしい やつだ。
소라오소로시- 야쯔다
어쩐지 두려움이 앞서는 녀석이다.

---

699 **堅苦(かたくる)しい**
카따꾸루시-

엄격하다, 딱딱하다

先生は あまりに 堅苦しいです。
센세-와 아마리니 카따꾸루시-데스
선생님은 너무 엄격합니다.

---

700 **のろくさい**
노로꾸사이

느려빠지다

のろくさい 動作
노로꾸사이 도-사
느려빠진 동작

---

701 **口惜(くちお)しい**
쿠찌오시-

분하다

あんな チームに 負けて 口惜しい。
안나 치-무니 마께떼 쿠찌오시-
저런 팀에게 져서 분하다.

702 やりきれない
야리끼레나이

도저히 어쩔 수 없다

はずかしくて やりきれない。
하즈까시꾸떼　　야리끼레나이
창피해서 죽을 지경이다.

703 手強(てづよ)い
테즈요이

호되다

手強い 経験に なった。
테즈요이　케-껜니　낫따
호된 경험이 되었다.

704 うるわしい
우루와시-

아름답다, 곱다

われわれの うるわしい 追憶
와레와레노　　　우루와시-　　　츠이오꾸
우리들의 아름다운 추억

705 気弱(きよわ)だ
키요와다

심약하다

気弱な ことは 言わないで ください。
키요와나　고또와　　이와나이데　　　구다사이
마음 약한 소리는 하지 말아 주십시오.

706 色々(いろいろ)だ
이로이로다

가지각색이다

これに 色々な サンプルが あります。
코레니　이로이로나 삼푸루가　　　　아리마스
여기에 여러 샘플이 있습니다.

707 若(わか)やかだ
와까야까다

젊고 싱싱하다

若やかな 女性は いつも 歓迎を 受けます。
와까야까나　죠세-와　이쯔모　캉게-오　우께마스
젊고 싱싱한 여성은 언제나 환영을 받습니다.

708 しなやかだ
시나야까다

낭창낭창하다

<ruby>彼女<rt>かのじょ</rt></ruby>の しなやかな <ruby>動<rt>うご</rt></ruby>き
카노죠노　시나야까나　　우고끼
그녀의 부드러운 몸놀림

---

709 あらたかだ
아라따까다

현저하다

この <ruby>薬<rt>くすり</rt></ruby>は あらたかだ。
코노　쿠스리와 아라따까다
이 약은 뚜렷한 약효가 있다.

---

710 濃(こま)やかだ
코마야까다

빛이 짙다

<ruby>彼<rt>かれ</rt></ruby>の こまやかな <ruby>心配<rt>こころくば</rt></ruby>り
카레노　코마야까나　　코꼬로구바리
그의 자상한 배려

---

711 まちまちだ
마찌마찌다

가지각색이다

<ruby>学生<rt>がくせい</rt></ruby>たちの <ruby>意見<rt>いけん</rt></ruby>が まちまちだ。
각세-따찌노　이껭가　　　마찌마찌다
학생들의 의견이 제각각이다.

---

712 足(あし)まめだ
아시마메다

부지런하다

<ruby>足<rt>あし</rt></ruby>まめに パターンを <ruby>調査<rt>ちょうさ</rt></ruby>する。
아시마메니　파타-ㅇ오　　쵸-사스루
부지런히 돌아다니며 패턴을 조사하다.

---

713 乾(かわ)かす
카와까스

말리다

<ruby>掛<rt>か</rt></ruby>けぶとんを <ruby>日<rt>ひ</rt></ruby>に あてて <ruby>乾<rt>かわ</rt></ruby>かす。
카께부똥오　　히니　아떼떼　카와까스
이불을 햇볕을 쬐어 말리다.

714 残(のこ)す 노꼬스 | 남기다

おかずは 残さないで ください。

오까즈와　　노꼬사나이데　　구다사이

반찬은 남기지 말아 주십시오.

715 勇(いさ)む 이사무 | 기운이 솟다

勇んで 出発した 新学期

이산데　　슛빠쯔시따　　싱갓끼

기운차게 출발한 신학기

716 強(つよ)める 츠요메루 | 세게하다, 강하게 하다

声を 強めて ください。

코에오 츠요메떼　　구다사이

소리를 세게 해 주십시오.

717 尽(つ)きる 츠끼루 | 다하다, 떨어지다

彼に 愛想が つきる。

카레니　아이소가　츠끼루

그에게 정나미가 떨어지다.

718 滅(ほろ)びる 호로비루 | 멸망하다

無理な 計画は 結局は 滅びる。

무리나　　케-까꾸와　켓꾜꾸와　호로비루

무리한 계획은 결국은 망한다.

719 恋(こ)う 코- | 그리워하다

故郷の 母が 恋う。

코꾜-노　　하하가 코-

고향의 어머니를 그리워하다.

適(かな)う 카나우 적합하다

れいに 適(かな)う 言葉(ことば)
레-니   카나우   코또바

예의에 맞는 말

살아 있는 일본어

* 大学(だいがく)   다이가꾸   대학교

일본에서는 대학교를 大學校(だいがっこう)라 표현하지 않고 大學(だいがく)라 합니다.
대학교라고 칭해지는 곳도 있기는 하지만 기상대학교같은 특수목적을 띤 대
학교인 경우가 해당됩니다.

학년을 표시할 때도 우리말과는 달리 ~年生(ねんせい)로 표현하니 유의하세요.

一年生(いちねんせい) 1학년   二年生(にねんせい) 2학년   三年生(さんねんせい) 3학년
이찌넨세-   니넨세-   산넨세-

721 **めぼしい** 메보시－ | 두드러지다

彼女(かのじょ)は めぼしい 美人(びじん)です。
카노죠와　메보시－　비진데스
그녀는 두드러진 미인입니다.

722 **すげない** 스게나이 | 쌀쌀하다

こちらの 願(ねが)いを すげなく 断(ことわ)って きた。
코찌라노　네가이오　스게나꾸　코또왓떼　기따
이쪽 부탁을 냉정하게 거절해 왔다.

723 **耳新(みみあたら)しい** 미미아따라시－ | 처음 듣다

それは 耳新(みみあたら)しい 話(はなし)です。
소레와　미미아따라시－　하나시데스
그것은 처음 듣는 이야기입니다.

724 **香(かぐわ)しい** 카구와시－ | 향기롭다

香(かぐわ)しい 花(はな)ですね。
카구와시－　하나데스네
향기로운 꽃이군요.

725 **陰気臭(いんきくさ)い** 잉끼꾸사이 | 음침하다

陰気臭(いんきくさ)い 雰囲気(ふんいき)
잉끼꾸사이　훙이끼
음침한 분위기

726 **心強(こころづよ)い** 　마음 든든하다
코꼬로즈요이

あなたが いっしょだと 心強い。
아나따가　잇쇼다또　　　코꼬로즈요이
네가 함께 라니 마음이 든든하다.

727 **果(は)てしない** 　끝없다
하떼시나이

果てしなく 広がっている 草原
하떼시나꾸　　히로갓떼이루　　　소-겡
끝없이 펼쳐져 있는 초원

728 **由由(ゆゆ)しい** 　중대하다
유-시-

由由しい 問題が あります。
유-시-　　몬다이가　아리마스
중대한 문제가 있습니다.

729 **おおはばだ** 　큰폭이다
오-하바다

野菜の 値段が おおはばに 上がった。
야사이노　네당가　오-하바니　　아갓따
야채 가격이 큰 폭으로 올랐다.

730 **生半可(なまはんか)だ** 　어중간하다
나마항까다

生半可な 態度は 困る。
나마항까나　타이도와　코마루
어설픈 태도는 곤란하다.

731 **口(くち)まめだ** 　말이 많다
쿠찌마메다

口まめな 友だちです。
쿠찌마메나　토모다찌데스
수다스런 친구입니다.

732 **密(ひそ)やかだ**
히소야까다

몰래 ~하다

ひそ　　　 な　 はは
密やかに 泣く 母
히소야까니　나꾸　하하
남몰래 우는 엄마

---

733 **はるかだ** 하루까다

아득하다, 차이가 크다

　　　　むかし
はるか 昔の ことです。
하루까　무까시노 고또데스
아득한 옛 이야기입니다.

---

734 **忍(しの)びやかだ**
시노비야까다

살며시 ~하다

しの　　　　　はな　 せいかく
忍びやかに 話す 性格。
시노비야까니　하나스　세-까꾸
남몰래 살며시 말하는 성격입니다.

---

735 **雨勝(あめが)ちだ**
아메가찌다

비가 잦다

あめ が　　　ひ　 つづ
雨勝ちの 日が 続いて いる。
아메가찌노　히가　츠즈이떼　이루
궂은 날씨가 계속되고 있다.

---

736 **吠(ほ)える** 호에루

짖다, 으르렁거리다

いぬ　 おお　　ほ
犬が 大きく 吠える。
이누가　오-끼꾸　호에루
개가 크게 짖다.

---

737 **まとう** 마또-

얽히다, 감다

ぼろを まとって いても うつくしい。
보로오　마똣떼　이떼모　우즈꾸시-
누더기를 걸치고 있어도 아름답다.

---

738 食(く)える 쿠에루 먹을 만하다

この 料理は 食える。
코노 료-리와 쿠에루
이 요리는 먹을 만하다.

739 浮(うか)べる
우까베루
띄우다, 생각해내다

昔のことを 浮べる。
무까시노고또오 우까베루
옛일을 떠올리다.

740 伸(の)ばす 노바스 펴다

出発時間を 伸ばして ください。
슛빠쯔지깡오 노바시떼 구다사이
출발시간을 연기해 주세요.

741 撫(な)でる 나데루 어루만지다, 쓰다듬다

赤ちゃんの 頭を 撫でる。
아까쨩노 아따마오 나데루
어린아이의 머리를 쓰다듬다.

742 空(あ)く 아꾸 비다

空き部屋は ありますか。
아끼베야와 아리마스까
빈방은 있습니까?

743 果(は)てる 하떼루 죽다, 끝내다

話が 果てる。
하나시가 하떼루
이야기가 끝나다.

744 **薄暗(うすぐら)い**
우스구라이

어둑어둑하다

そとが うすぐらいです。
소또가　　우스구라이데스
밖이 어둑어둑합니다.

745 **素早(すばや)い**
스바야이

재빠르다

素早く 車に 乗る。
스바야꾸　쿠루마니 노루
재빠르게 차에 타다.

746 **情(なさ)けない**
나사께나이

한심하다

情けない 成績ですね。
나사께나이　세-세끼데스네
한심스런 성적이군요.

747 **訳(わけ)ない**
와께나이

간단하다

宿題は 訳なく やって しまう。
슈꾸다이와 와께나꾸 얏떼　　시마우
숙제는 간단히 해 버리다.

748 **快(こころよ)い**
코꼬로요이

상쾌하다, 시원하다

快い 日ざし
코꼬로요이 히자시
상쾌한 햇살

749	**なさけぶかい** 나사께부까이	인정 많다

なさけぶかい 山田さん
나사께부까이　　　야마다상
인정 많은 야마다 씨

750	**さしでがましい** 사시데가마시-	주제넘다

差し出がましい ことを 言う。
사시데가마시-　　　　고또오　이우
주제넘은 말을 하다.

751	**継(まま)しい** 마마시-	배다른 관계다

兄と 私は 継しい 仲です。
아니또 와따시와 마마시-　나까데스
형과 나는 배다른 사이입니다.

752	**にこやかだ** 니꼬야까다	생글거리다

彼女の にこやかな 顔が いい。
카노죠노　니꼬야까나　　카오가 이-
그녀의 상냥한 얼굴이 좋다.

753	**淑(しと)やかだ** 시또야까다	정숙하다

淑やかな 態度
시또야까나　타이도
정숙한 태도

754	**大振(おおぶ)りだ** 오-부리다	크다

雪が 大振りに なる。
유끼가 오-부리니　나루
눈이 많이 오기 시작했다.

Day 31

755 耳寄(みみよ)りだ
미미요리다

듣게 돼서 반갑다

耳寄りな 話
미미요리나　하나시
귀가 솔깃해지는 이야기

756 欲張(よくば)りだ
요꾸바리다

욕심이 많다

欲張りの おじょうさん
요꾸바리노　오죠-상
욕심쟁이 아가씨

757 筋違(すじちが)いだ
스지찌가이다

도리에 어긋나다

筋違いな 話は しないで ください。
스지찌가이나　하나시와 시나이데　구다사이
도리에 어긋난 이야기는 하지 말아 주십시오.

758 ふしだらだ
후시다라다

단정치 못하다

ふしだらな 女は きらいです。
후시다라나　온나와　키라이데스
행실이 나쁜 여자는 싫습니다.

759 口重(くちおも)だ
쿠찌오모다

입이 무겁다

花子さんは 口重だ。
하나꼬상와　쿠찌오모다
하나코 씨는 입이 무겁다.

760 余(あま)す 아마스
남다, 남아있다

こづかいを 余して ためる。
코즈까이오　아마시떼　타메루
용돈을 남겨 저축하다.

761 請(こ)う　코-
청하다, 원하다

彼に 許しを 請う。
카레니　유루시오　코-
그에게 용서를 청하다.

762 欠(か)く　카꾸
빠뜨리다

カメラは 欠くことが できない。
카메라와　　카꾸고또가　　데끼나이
카메라는 빠뜨릴 수가 없다.

763 疲(つか)れる
츠까레루
피곤하다

試験に 疲れる。
시껜니　츠까레루
시험으로 지치다.

764 自惚(うぬぼ)れる
우누보레루
자부, 자만하다

彼は 自分の 才能に 自惚れて いる。
카레와 지분노　사이노-니 우누보레떼　이루
그는 자신의 재능에 우쭐해 하고 있다.

765 扇(あお)ぐ　아오구
부치다(부채)

ねっしんに 火を 扇ぐ。
넷신니　　　히오　아오구
열심히 불을 부치다.

766 支(ささ)える
사사에루
떠받치다, 지탱하다

一家を 支える。
잇까오　사사에루
일가를 유지하다.

767 兼(か)ねる　카네루　겸하다

ソファー と ベッド とを 兼ねて います。
소화ー또　　　벳도또오　　카네떼　　이마스

소파와 침대를 겸하고 있습니다.

살아 있는 일본어

* 날짜 표현

일본어는 날짜를 표현할 때 1일부터 10일까지는 고유수사를 사용합니다.
11일부터는 한자를 사용하는 데 14일, 20일, 24일은 좀 특별합니다.

ついたち	츠이따찌	1일	ふつか	후쯔까	2일
みっか	밋까	3일	よっか	욧까	4일
いつか	이쯔까	5일	むいか	무이까	6일
なのか	나노까	7일	ようか	요ー까	8일
ここのか	코꼬노까	9일	とおか	토ー까	10일

*じゅうよっか	쥬ー욧까	14일
*はつか	하쯔까	20일
*にじゅうよっか	니쥬ー욧까	24일

Part 01

2
주요 어휘

---

001 **血眼 ちまなこ**
치마나꼬

충혈 된 눈, 혈안

血眼に なって 犯人を 捜しました。
치마나꼬니 낫떼　한닝오　사가시마시따

혈안이 되어서 범인을 찾았습니다.

---

002 **生半可 なまはんか**
나마항까

어중간함, 어설픈

生半可な 知識で 返事を する。
나마항까나　치시끼데　헨지오　스루

어설픈 지식으로 바보같이 보이다.

---

003 **仲人 なこうど**
나꼬-도

중매쟁이

岩村先生が 仲人を した。
이와무라센세-가　나꼬-도오　시따

이와무라 선생님이 중매를 섰다.

---

004 **居眠り いねむり**
이네무리

앉아서 졸음

バスの 中で 居眠りを しました。
바스노　나까데　이네무리오　시마시따

버스 안에서 졸았습니다.

---

005 **裏年 うらどし**
우라도시

흉년

今年は 台風で 裏年だった。
코또시와　타이후-데 우라도시닷따

올해는 태풍으로 흉년이다.

---

006 飲み過ぎ のみすぎ　과음
노미스기

あまり 飲み過ぎ ないように して
아마리　노미스기나이요-니　시떼

ください。
구다사이

너무 과음하지 않도록 해 주십시오.

007 卸売 おろしうり　도매
오로시우리

卸売市場は 値段が 安いです。
오로시우리죠-와 네당가　야스이데스

도매시장은 가격이 쌉니다.

008 遺言 ゆいごん　유언
유이공

おじいさんは 遺言を 残して
오지-상와　유이공오　노꼬시떼

なくなりました。
나꾸나리마시따

할아버지는 유언을 남기고 돌아가셨습니다.

009 白み しろみ　계란 흰자
시로미

私は 黄身より 白みが すきです。
와따시와 키미요리　시로미가　스끼데스

나는 노른자보다 흰자가 좋습니다.

010 書留 かきとめ　등기
카끼또메

書留で おくれば いくらですか。
카끼또메데 오꾸레바　이꾸라데스까

등기로 보내면 얼마입니까?

011 出来物 できもの | 종기
데끼모노

背中<ruby>せ</ruby><ruby>なか</ruby>に できた できもの
세나까니　데끼따　데끼모노

등에 생긴 종기

---

012 値打ち ねうち | 가치, 가격
네우찌

その 映画<ruby>えいが</ruby>は 見<ruby>み</ruby>に 行<ruby>ゆ</ruby>く 値打<ruby>ねう</ruby>ちが
소노　에-가와　미니　유꾸　네우찌가

あります。
아리마스

그 영화는 보러 갈 가치가 있습니다.

---

013 一人前 いちにんまえ | 1인분
이찌님마에

すみません、キムチなべ 一人前<ruby>いちにんまえ</ruby>
스미마셍　키무치나베　이찌님마에

ください。
구다사이

여기요. 김치찌개 1인분 주십시오.

---

014 案の定 あんのじょう | 아니나 다를까
안노죠-

案<ruby>あん</ruby>の定<ruby>じょう</ruby> 雨<ruby>あめ</ruby>が 降<ruby>ふ</ruby>りだしました。
안노죠-　아메가 후리다시마시따

아니나 다를까 비가 내리기 시작했습니다.

---

015 夢路 ゆめじ | 꿈길
유메지

夢路<ruby>ゆめじ</ruby>に 入<ruby>はい</ruby>りました。
유메지니　하이리마시따

잠이 들어 버렸습니다.

016 裏切り うらぎり
우라기리

배반

期待を 裏切る 結果
키따이오 우라기루 켓까
기대를 어긋난 결과

017 出前 でまえ
데마에

배달

すみません、出前は しません。
스미마셍   데마에와   시마셍
죄송합니다. 배달은 하지 않습니다.

018 路地 ろじ
로지

골목

本屋は 路地の 突き当たりに あります。
홍야와   로지노   츠끼아따리니   아리마스
서점은 골목길의 막다른 곳에 있습니다.

019 井戸 いど
이도

우물

この 井戸は 深いです。
코노   이도와   후까이데스
이 우물은 깊습니다.

020 苦言 くげん
쿠겡

충고

社長に 苦言を 呈する。
샤쬬-니   쿠겡오   테-스루
사장님께 직언을 드리다.

021 合口 あいくち
아이꾸찌

비수, 서로 뜻이 잘 맞음

渡辺さんとは 合口が いい。
와따나베상또와   아이꾸찌가 이-
와타나베 씨와는 마음이 잘 맞는다.

022 婚約 こんやく | 약혼

콩야꾸

これは 婚約指輪ですか。
こんやくゆびわ
코레와　콩야꾸유비와데스까
이것은 약혼반지입니까?

023 貸し切り かしきり | 전세

카시끼리

東京の アパートは 来年まで
とうきょう　　　　　　　　　　らいねん
토-꾜-노　아파-토와　　　라이넹마데

貸し切りました。
か　き
카시끼리마시따
동경의 아파트는 내년까지 전세를 주었습니다.

024 素手 すで | 맨손

스데

素手で あとかたづけを する。
すで
스데데　아또가따즈께오　　　스루
맨손으로 설거지를 하다.

025 黄身 きみ | 노른자

키미

わたしは 黄身より 白身が 好きです。
きみ　　しろみ　す
와따시와　키미요리　시로미가　스끼데스
나는 노른자보다 흰자를 좋아합니다.

026 残高 ざんだか | 잔액

잔다까

残高を 確認して ください。
ざんだか　かくにん
잔다까오　카꾸닌시떼　　구다사이
잔고를 확인해 주십시오.

027 質素 しっそ — 검소

싯소

日本人は 質素な 暮らしで 有名で ある。
にほんじん　しっそ　　く　　　　　ゆうめい

니혼징와　싯소나　쿠라시데　유-메-데　아루
일본인은 검소한 생활로 유명하다.

028 質物 しちもつ — 전당물

시찌모쯔

絶対に 質物では ありません。
ぜったい　しちもつ

젯따이니　시찌모쯔데와　아리마셍
절대로 전당물은 아닙니다.

029 物見高い ものみだかい — 호기심이 많다

모노미다까이

松本先生は 物見高い 方です。
まつもとせんせい　もの み だか　かた

마쯔모또센세-와　모노다까이　카따데스
마츠모토 선생님은 호기심이 많은 분입니다.

030 結納 ゆいのう — 약혼예물

유이노-

この 指輪は 結納です。
ゆび わ　　ゆい のう

코노　유비와와　유이노-데스
이 반지는 약혼예물입니다.

031 小言 こごと — 잔소리

코고또

聞きにくい 母の 小言
き　　　　　はは　こ ごと

키끼니꾸이　하하노　코고또
듣기 괴로운 엄마의 잔소리

032 詩歌 しいか — 시가

시-까

この 詩歌に ついて 説明して ください。
しいか　　　　　せつめい

코노　시-까니　츠이떼　세쯔메-시떼　구다사이
이 시가에 관해서 설명해 주세요.

033 えくぼ えくぼ　보조개
에꾸보

ヒョリさんは 笑うと えくぼが できる。
효리상와　와라우또　에꾸보가　데끼루
효리 씨는 웃으면 보조개가 생긴다.

034 ひきにげ ひきにげ　뺑소니
히끼니게

ひきにげ犯は まだ つかまらない。
히끼니게항와　마다　츠까마라나이
뺑소니범은 아직 잡히지 않다.

035 隠れん坊 かくれんぼう　술래잡기
카꾸렝보―

おもしろい 隠れん坊
오모시로이　카꾸렝보―
재미있는 술래잡기

036 生返事 なまへんじ　건성대답
나마헨지

彼の 質問に 生返事を した。
카레노　시쯔몬니　나마헨지오　시따
그의 질문에 건성대답을 했다.

037 家賃 やちん　집세
야찡

この アパートの 家賃は どのくらいですか。
코노　아파―토노　야찡와　도노구라이데스까
이 아파트의 집세는 어느 정도입니까?

038 寒気 さむけ　오한
사무께

ゆうべから 寒気が します。
유―베까라　사무께가　시마스
어제 저녁부터 오한이 납니다.

039 流布 るふ　　　　유포
루후

世間に 流布した うわさは 根も 葉も ない。
せけん　　る ふ　　　　　　　　　　　ね　　は

세껜니　　루후시따　　우와사와　　네모　하모　나이

세상에 유포된 소문은 근거가 없다.

---

040 見違え みちがえ　　잘못 봄
미찌가에

見違えるほど 変わった 友だち
み ちが　　　　　　　　か　　　　　とも

미찌가에루호도　　카왓따　　토모다찌

몰라볼 만큼 변한 친구

---

041 平等 びょうどう　　평등
뵤-도-

遺産を 平等に 分ける。
い さん　　びょうどう　　わ

이상오　　뵤-도-니　　와께루

유산을 평등하게 나누다.

---

042 遺言 ゆいごん　　유언
유이공

母の 遺言を 守って 熱心に 勉強する。
はは　　ゆいごん　　まも　　　ねっしん　　べんきょう

하하노　유이공오　마못떼　넷신니　벵꾜-스루

어머니의 유언을 지켜서 열심히 공부하다.

---

043 頭痛 ずつう　　두통
즈쯔-

頭痛が ひどいです。
ず つう

즈쯔-가　　히도이데스

두통이 심합니다.

---

044 分布 ぶんぷ　　분포
붕뿌

この 地域は 人口分布が 広い。
ち いき　　じんこうぶん ぷ　　ひろ

코노　치이끼와　징꼬-붕뿌가　　히로이

이 지역은 인구 분포가 넓다.

---

045 賛否 さんぴ　　　찬부
삼삐

賛否を　問う　会
삼삐오　토-　카이
찬부를 묻는 모임

046 黄金 おうごん　　　황금
오-공

この頃の　黄金万能主義
코노　고로노　오-공반노-슈기
요즈음의 황금만능주의

047 締切 しめきり　　　마감
시메끼리

今月の　締切が　迫る。
콩게쯔노　시메끼리가 세마루
이번 달 마감이 다가오다.

048 油断 ゆだん　　　방심
유당

油断の　ならない　テストです。
유단노　나라나이　테스토데스
방심할 수 없는 테스트입니다.

049 世話 せわ　　　돌봐줌
세와

病人の　世話を　する。
뵤-닝노　세와오　스루
환자의 시중을 들다.

050 反応 はんのう　　　반응
한노-

叱っても　ぜんぜん　反応の　ない　子供
시깟떼모　젱젱　한노-노　나이　코도모
꾸짖어도 전혀 반응이 없는 아이

051 見舞い みまい

미마이

문병

水害の お見舞金
すいがい　*みまいきん*

스이가이노 오미마이낑

수해의연금

052 迷子 まいご

마이고

미아

祭りで 迷子に なる。
まつ　*まいご*

마쯔리데　마이고니　나루

축제에서 미아가 되다.

053 裏口 うらぐち

우라구찌

뒷문

この デパートの 裏口は どちらですか。
うらぐち

코노　데파-토노　우라구찌와　도찌라데스까

이 아파트의 뒷문은 어디입니까?

054 抓み つまみ

츠마미

안주

おつまみは 何に なさいますか。
なに

오쯔마미와　나니니　나사이마스까

안주는 무엇으로 하시겠습니까?

055 がっかりする

각까리스루

실망하다

がっかりしないで ください。

갓까리시나이데　구다사이

실망하지 마십시오.

056 一目散 いちもくさん

이찌모꾸상

한눈 팔지 않고 똑바로

電話に 出て 一目散に 走って 行く。
でんわ　*で*　*いちもくさん*　*はし*　*い*

뎅와니　데떼　이찌모꾸산니　하싯떼　이꾸

전화를 받고 쏜살같이 달려가다.

057 茶飯事 さはんじ | 다반사

사항지

こんな 事件は 茶飯事です。
콘나　　지껜와　　사한지데스

이런 일은 다반사입니다.

058 会釈 えしゃく | 가볍게 고개를 끄덕이며 인사함

에샤꾸

軽く 会釈するほどです。
카루꾸　에샤꾸스루호도데스

가볍게 인사하는 정도입니다.

059 問屋 とんや | 도매상

통야

果物問屋
쿠다모노동야

과일도매상

060 見納め みおさめ | 마지막 기회

미오사메

この 映画が 彼女の 見納めに なった。
코노　에-가가　　카노죠노　미오사메니　낫따

이 영화가 그녀를 본 마지막 기회가 되었다.

061 身寄り みより | 친척

미요리

彼は 身寄りの ない 哀れな 人です。
카레와 미요리노　　나이　아와레나　히또데스

그는 친척도 없는 불쌍한 사람입니다.

062 泣き虫 なきむし | 울보

나끼무시

ユリさんは 泣き虫です。
유리상와　　　나끼무시데스

유리 씨는 울보입니다.

063 子守 こもり
코모리

아이를 돌봄

おばあさんは 孫娘の 子守で つかれます。
まごむすめ こもり
오바-상와　　　마고무스메노 코모리데 츠까레마스
할머니는 손녀를 돌보느라 피곤합니다.

064 勝ち目 かちめ
카찌메

승산

この ゲームは 勝ち目が ない。
か め
코노　게-무와　　카찌메가　　　나이
이 게임은 이길 승산이 없다.

065 蛇口 じゃぐち
자구찌

수도꼭지

じゃ、蛇口を ひねって ください。
じゃぐち
자,　　자구찌오　히넷떼　　　구다사이
그럼 수도꼭지를 틀어 주십시오.

066 不思議 ふしぎ
후시기

이상함

ほんとうに 不思議な 話です。
ふ し ぎ はなし
혼또-니　　　후시기나　　하나시데스
정말로 이상한 이야기입니다.

067 売り切れ うりきれ
우리끼레

매진

この 商品は 今 売り切れです。
しょうひん いま う き
코노　쇼-힝와　이마 우리끼레데스
이 상품은 지금 매진입니다.

068 風邪 かぜ
카제

감기

きのうは 風邪で 休みました。
か ぜ やす
키노-와　　카제데　　야스미마시따
어제는 감기로 쉬었습니다.

069 前金 まえきん | 선금

마에낑

家賃は 前金で お願いします。
야찡와　　마에낀데　　오네가이시마스
집세는 선불로 부탁합니다.

070 有無 うむ | 유무

우무

結果の 有無に かかわらず すすめます。
켓까노　　우무니　　카까와라즈　　스스메마스
결과 유무에 상관없이 진행합니다.

071 工面 くめん | 돈을 변통함

쿠멩

近ごろは わたしの 工面が よくないです。
치까고로와　　와따시노　　쿠멩가　　요꾸나이데스
요즘은 내 돈사정이 좋지 않습니다.

072 赤飯 せきはん | 팥밥

세끼항

誕生日は 赤飯を 食べます。
탄죠-비와　　세끼항오　　타베마스
생일날은 팥밥을 먹습니다.

073 紅葉 もみじ | 단풍

모미지

秋は 紅葉の 季節です。
아끼와 모미지노　　키세쯔데스
가을은 단풍의 계절입니다.

074 そそのかす | 부추기다

소소노까스

そそのかされて 悪事を 働く。
소소노까사레떼　　아꾸지오　　하따라꾸
꾐에 빠져서 나쁜 짓을 하다.

075 氷柱 つらら　　　고드름
츠라라

軒から 下がって いる つらら
노끼까라　사갓떼　　　이루　　츠라라
처마에 매달려 있는 고드름

076 初耳 はつみみ　　　금시초문
하쯔미미

その うわさは 初耳です。
소노　　우와사와　　하쯔미미데스
그 소문은 금시초문입니다.

077 口答 くちごたえ　　말대꾸
쿠지고따에

母の 小言に 口答を する。
하하노　코고또니　쿠찌고따에오 스루
엄마의 잔소리에 말대꾸를 하다.

078 我を折る がをおる　　자기주장을 굽히다
가오 오루

我を 折って チームに 入る。
가오　옷떼　　　치-무니　　하이루
고집을 꺾고 팀에 들어가다.

079 名乗る なのる　　　이름을 대다
나노루

フロントに 名を 名乗って ください。
후론또니　　나오　나놋떼　　　구다사이
프런트에 이름을 대 주세요.

080 乞食 こじき　　　거지
코지끼

乞食根性は 捨てて ください。
코지끼곤죠-와　　스떼떼　　구다사이
거지근성은 버려 주세요.

081 **新米** しんまい | **햅쌀, 풋내기**

심마이

新米には 難しい 問題です。
しん まい　　　 むずか　　　 もん だい

심마이니와　 무즈까시이 몬다이데스

풋내기에게는 어려운 문제입니다.

---

082 **成就** じょうじゅ | **성취**

죠-쥬

目的を 成就しなければ ならない。
もくてき　　じょうじゅ

모꾸떼끼오 죠-쥬시나께레바　　　　나라나이

목적을 성취하지 않으면 안 된다.

---

083 **大家さん** おおやさん | **집주인**

오-야상

大家さんに たのんで ください。
おお や

오-야상니　　　타논데　　　구다사이

집주인에게 부탁해 보세요.

---

084 **やけど** やけど | **화상**

야께도

やけどを しました。

야께도오　　 시마시따

화상을 입었습니다.

---

085 **閉口だ** へいこうだ | **질색이다**

헤-꼬-다

彼の 小言には 閉口した。
かれ　 こ ごと　　　 へい こう

카레노 코고또니와　 헤-꼬-시따

그의 잔소리에는 질렸다.

---

086 **冬至** とうじ | **동지**

토-지

きょうは 冬至です。
とう じ

쿄-와　　　 토-지데스

오늘은 동지입니다.

---

087 命日 めいにち　기일

메-니찌

きょうは 母の 命日です。

코-와　하하노　메-니찌데스

오늘은 엄마의 기일입니다.

088 春雨 はるさめ　봄비

하루사메

春雨の 降る 日

하루사메노 후루　히

봄비가 내리는 날

089 体裁 ていさい　외관, 체면

테-사이

ていさい上 仕方が ない。

테-사이죠-　시까따가　나이

체면상 어쩔 수 없다.

090 居間 いま　거실

이마

居間で 話しましょう。

이마데　하나시마쇼-

거실에서 이야기합시다.

091 貸間 かしま　셋집

카시마

友だちと いっしょに 貸間を

토모다지또　잇쇼니　카시마오

捜して います。

사가시떼　이마스

친구와 함께 셋집을 찾고 있습니다.

092 見合い みあい　　　맞선

미아이

<ruby>見<rt>み</rt></ruby><ruby>合<rt>あ</rt></ruby>い<ruby>結婚<rt>けっこん</rt></ruby>ですか、<ruby>恋愛<rt>れんあい</rt></ruby><ruby>結婚<rt>けっこん</rt></ruby>ですか。

미아이겟꼰데스까,　　　　　렌아이겟꽁데스까

중매결혼입니까? 연애결혼입니까?

093 気性 きしょう　　　기질, 성질

키쇼-

<ruby>彼女<rt>かのじょ</rt></ruby>は <ruby>気性<rt>きしょう</rt></ruby>が <ruby>激<rt>はげ</rt></ruby>しいです。

카노죠와　키쇼-가　하게시-데스

그녀는 성격이 괄괄합니다.

094 相子 あいこ　　　무승부

아이꼬

<ruby>今日<rt>きょう</rt></ruby>の ゲームは <ruby>相子<rt>あいこ</rt></ruby>だ。

쿄-노　게-무와　아이꼬다

오늘 게임은 무승부다.

095 納屋 なや　　　헛간

나야

<ruby>納屋<rt>なや</rt></ruby>で バケツを <ruby>出<rt>だ</rt></ruby>す。

나야데　바께쯔오　다스

헛간에서 양동이를 꺼내다

096 所謂 いわゆる　　　소위, 이른바

이와유루

これが いわゆる <ruby>友情<rt>ゆうじょう</rt></ruby>だ。

코레가　이와유루　유-죠-다

이것이 소위 우정이다.

097 ずるい ずるい

즈루이

약삭빠르게 굴다

わたしは 彼_{かれ}の ずるそうな 目_めつきが
와따시와　카레노 즈루소-나　메쯔끼가

きらいです。
키라이데스

나는 그의 교활한 눈매가 싫습니다.

098 女人 にょにん

뇨닝

여인

彼女_{かのじょ}は 韓国_{かんこく}の 女人像_{にょにんぞう}です。
카노죠와　캉꼬꾸노　뇨닝조-데스

그녀는 한국의 여인상입니다.

099 山場 やまば

야마바

고비, 절정

演奏会_{えんそうかい}の 山場_{やまば}を 迎_{むか}える。
엔소-까이노　야마바오　무까에루

연주회의 절정에 접어들다.

100 拍子 ひょうし

효-시

박자

この 歌_{うた}は 拍子_{ひょうし}を 取_とることが 難_{むずか}しいです。
코노　우따와 효-시오　토루고또가　무즈까시-데스

이 노래는 박자를 맞추기가 어렵습니다.

독학 일본어 VOCA

Part 02

1

Vocabulary

Part 02

1

관용어구

1 관용어구

001 あい ず 合図をする	아이즈오 스루	눈짓을 하다, 신호를 보내다
002 あいた くちが ふさ 塞がらない	아이따 구찌가 후사가라나이	하도 기가 막혀 말이 나오지 않는다.
003 あいそを つかす	아이소오 츠까스	정나미 떨어지다
004 あし で 足が 出る	아시가 데루	적자가 나다
005 あい づち う 相槌を 打つ	아이즈찌오 우쯔	맞장구치다
006 けん とう 見当が つく	켄또-가 츠꾸	짐작이 가다
007 あと まつ 後の 祭り	아또노 마쯔리	소 잃고 외양간 고치기
008 ざ しら 座が 白ける	자가 시라께루	흥이 깨지다
009 さじ な 匙を 投げる	사지오 나게루	단념하다
010 じゅう にん とい ろ 十人十色	쥬-닝또이로	가지각색
011 つじつまが あ 合う	츠지쯔마가 아우	이치가 맞다

012	引けを 取る _ひ _と	히께오 토루	지다
013	水に 流す _{みず} _{なが}	미즈니 나가스	지난 일을 잊다
014	身に つける _み	미니 츠께루	몸에 익히다
015	もって こい	못떼 코이	안성맞춤
016	腹が 立つ _{はら} _た	하라가 타쯔	화가 나다
017	仕上げが 肝心 _{し あ} _{かんじん}	시아게가 칸징	마무리가 중요하다
018	気が する _き	키가 스루	~한 느낌이 들다
019	気に する _き	키니 스루	신경 쓰다
020	頭が 切れる _{あたま} _き	아따마가 키레루	머리가 좋다
021	馬が 合う _{うま} _あ	우마가 아우	배짱이 맞다
022	腹を 立てる _{はら} _た	하라오 타떼루	화를 내다
023	人目を ひく _{ひと め}	히또메오 히꾸	남의 이목을 끌다
024	口を 割る _{くち} _わ	쿠찌오 와루	자백하다

025	念を おす _{ねん}	넹오 오스	다짐하다
026	胡麻を する _{ご ま}	고마오 스루	아첨하다
027	きりが ない	키리가 나이	한이 없다
028	けりが つく	케리가 츠꾸	결말이 나다
029	気に 入る _{き い}	키니 이루	마음에 들다
030	顔を する _{かお}	카오오 스루	~표정을 하다
031	首に する _{くび}	쿠비니 스루	해고하다
032	頭から _{あたま}	아따마까라	처음부터
033	自腹を 切る _{じ ばら き}	지바라오 키루	억지로 돈을 부담하다
034	機転が きく _{き てん}	키뗑가 키꾸	재치 있다
035	目が ない _め	메가 나이	안목이 없다
036	舌を 巻く _{した ま}	시따오 마꾸	혀를 내두르다
037	気が つく _き	키가 츠꾸	정신이 들다

038	脇目も 振らず <small>わき め ふ</small>	와끼메모 후라즈	한눈 하나 안 팔고
039	音頭を 取る <small>おん ど と</small>	온도오 토루	선두에 서다
040	目も くれない <small>め</small>	메모 쿠레나이	거들떠보지 않다
041	そろばんが 合う <small>あ</small>	소로방가 아우	수지가 맞다
042	口に 上る <small>くち のぼ</small>	쿠찌니 노보루	입에 오르다, 소문에 오르다
043	高が 知れる <small>たか し</small>	타까가 시레루	뻔하다
044	我を 張る <small>が は</small>	가오 하루	고집을 피우다
045	青菜に しお <small>あお な</small>	아오나니 시오	풀이 죽다
046	埒も ない <small>らち</small>	라찌모 나이	칠칠치 못하다
047	顔が 立つ <small>かお た</small>	카오가 타쯔	체면이 서다
048	一目 置く <small>いち もく お</small>	이찌모꾸 오꾸	한수 위로 두다
049	あとにも さきにも	아또니모 사끼니모	전에도 후에도
050	顔が 広い <small>かお ひろ</small>	카오가 히로이	발이 넓다

051	後押しを する <small>あと お</small>	아또오시오 스루	후원하다
052	背を 向ける <small>せ む</small>	세오 무께루	등을 돌리다
053	耳に つく <small>みみ</small>	미미니 츠꾸	귀가 따갑다
054	かぶとを ぬぐ	카부또오 누구	항복하다, 못 당하다
055	あごを 出す <small>だ</small>	아고오 다스	녹초가 되다
056	頭に 来る <small>あたま く</small>	아따마니 쿠루	화가 나다
057	頭が いい <small>あたま</small>	아따마가 이-	머리가 좋다
058	いきを ころす	이끼오 코로스	숨을 죽이다
059	あちら こちら	아찌라 고찌라	여기저기
060	いきを のむ	이끼오 노무	숨을 삼키다
061	雨が 上がる <small>あめ あ</small>	아메가 아가루	비가 개다
062	尻が 割れる <small>しり わ</small>	시리가 와레루	거짓말이 탄로나다
063	血も 涙も ない <small>ち なみだ</small>	치모 나미다모 나이	피도 눈물도 없다

064	うんとも すんとも	운또모 슨또모	물어봐도 대답을 안 하는 모양
065	肩を 並べる	카따오 나라베루	막상막하이다
066	風の 便り	카제노 타요리	풍문
067	伸るか反るか	노루까 소루까	좌우지간
068	高見の 見物	타까미노 켐부쯔	강 건너 불구경
069	手を 打つ	테오 우쯔	손쓰다, 매듭짓다
070	足に 任す	아시니 마까스	발길 가는 대로 걷다
071	あの手 この手	아노떼 코노떼	이런저런 수, 온갖 수단
072	折り目正しい	오리메타다시-	예의바르다
073	一杯 食う	잇빠이 쿠-	속다
074	姿勢を 正す	시세-오 타다스	자세를 고치다
075	お茶を にごす	오쨔오 니고스	적당히 얼버무리다
076	気を つかう	키오 츠까우	신경 쓰다

077	駄駄を こねる <small>だ だ</small>	다다오 코네루	떼쓰다
078	味を 占める <small>あじ し</small>	아지오 시메루	재미들이다
079	肝を 冷やす <small>きも ひ</small>	키모오 히야스	오싹하다
080	手を 焼く <small>て や</small>	테오 야꾸	애먹다, 혼나다
081	とどめを さす	토도메오 사스	마지막 일격을 가하다
082	口車に 乗る <small>くちぐるま の</small>	쿠찌구루마니 노루	속아 넘어가다
083	悟りが 早い <small>さと はや</small>	사또리가 하야이	깨달음이 빠르다
084	思いも 寄らない <small>おも よ</small>	오모이모 요라나이	생각지도 않은
085	色を 失う <small>いろ うしな</small>	이로오 우시나우	아연질색하다
086	めどが つく	메도가 츠꾸	대책이 서다
087	虫が いい <small>むし</small>	무시가 이-	넉살좋다
088	胸に 刻む <small>むね きざ</small>	무네니 키자무	가슴에 새기다
089	骨が 折れる <small>ほね お</small>	호네가 오레루	힘들다, 고되다

090	襟を 正す <small>えり ただ</small>	에리오 타다스	자세를 바로잡다
091	影も 形も ない <small>かげ かたち</small>	카게모 카따찌모 나이	흔적도 없다
092	釘を さす <small>くぎ</small>	쿠기오 사스	다짐을 두다
093	けじめを 付ける <small>つ</small>	케지메오 츠께루	옳고 그름을 구분 짓다
094	袖に する <small>そで</small>	소데니 스루	거들떠보지도 않다
095	あわを 食う <small>く</small>	아와오 쿠-	몹시 당황하다
096	メスを いれる	메스오 이레루	전격적으로 손을 대다
097	機嫌を 取る <small>き げん と</small>	키겡오 토루	비위를 맞추다
098	弱音を 吐く <small>よわ ね は</small>	요와네오 하꾸	마음 약한 소리를 하다
099	身が はいる <small>み</small>	미가 하이루	신이 나서 일에 몰두함
100	鼻を 折る <small>はな お</small>	하나오 오루	콧대를 꺾다
101	ピンから キリまで	핑까라 키리마데	천차만별이다
102	頭を 痛める <small>あたま いた</small>	아따마오 이따메루	골치를 썩다

103	白紙に 戻す _{はくし もど}	하꾸시니 모도스	**백지로 돌리다**
104	虫が 好かない _{むし す}	무시가 스까나이	**괜히 밉다**
105	頭を かく _{あたま}	아따마오 카꾸	**머리를 긁적이다**
106	耳を 貸す _{みみ か}	미미오 카스	**귀를 빌리다**
107	耳が 痛い _{みみ いた}	미미가 이따이	**듣기 거북하다**
108	目を むく _め	메오 무꾸	**눈을 부라리다**
109	せきを 切る _き	세끼오 키루	**봇물을 터뜨리다**
110	一言も ない _{いちごん}	이찌곰모 나이	**유구무언**
111	鼻に つく _{はな}	하나니 츠꾸	**물리다**
112	目を 盗む _{め ぬす}	메오 누스무	**눈을 속이다**
113	さばを よむ	사바오 요무	**속여서 이익을 보다**
114	立つ 瀬が ない _{た せ}	타쯔 세가 나이	**볼 면목이 없다**
115	一も 二も なく _{いち に}	이찌모 니모 나꾸	**두말없이 곧**

116	口<ruby>口<rt>くち</rt></ruby>に する	쿠찌니 스루	말하다, 맛보다
117	<ruby>声<rt>こえ</rt></ruby>を かける	코에오 카께루	말을 걸다
118	<ruby>事<rt>こと</rt></ruby>も なく	코또모 나꾸	거뜬히
119	<ruby>府<rt>ふ</rt></ruby>に <ruby>落<rt>お</rt></ruby>ちない	후니 오찌나이	납득이 안가다
120	<ruby>年<rt>とし</rt></ruby>が あける	토시가 아께루	새해가 되다
121	せきに つく	세끼니 츠꾸	자리에 앉다
122	こごとを いう	코고또오 이우	잔소리를 하다
123	こしを おろす	코시오 오로스	앉다
124	<ruby>気<rt>き</rt></ruby>の<ruby>毒<rt>どく</rt></ruby>	키노도꾸	불쌍하다
125	おなかを こわす	오나까오 코와스	배탈이 나다
126	いせいが いい	이세-가 이-	원기왕성하다
127	なが ひびく	나가 히비꾸	유명해지다
128	ほっと する	홋또 스루	안심하다

129	よくを 出す	요꾸오 다스	욕심을 내다
130	そつが ない	소쯔가 나이	빈틈없다
131	目を つける	메오 츠께루	점찍어두다
132	目が 回る	메가 마와루	눈코 뜰 사이 없다
133	口が 軽い	쿠찌가 카루이	입이 가볍다
134	あくびにも 出さない	아꾸비니모 다사나이	내색도 않다
135	とこに つく	토꼬니 츠꾸	잠자리에 들다
136	こしを ぬかす	코시오 누까스	기겁하다
137	しらずしらず	시라즈시라즈	모르는 사이에
138	たのみと する	타노미또 스루	의지하다, 믿다
139	ニュースを ながす	뉴-스오 나가스	뉴스를 알리다
140	くちが わるい	쿠찌가 와루이	입이 험하다, 말이 많다
141	命を おとす	이노찌오 오또스	목숨을 잃다
142	目を ふせる	메오 후세루	눈을 내리뜨다

143	ゆとりが ない	유또리가 나이	여유가 없다
144	役に 立つ	야꾸니 타쯔	도움이 되다, 쓸모 있다
145	悪口を 言う	와루꾸찌오 이우	욕을 하다
146	安売を する	야스우리오 스루	싸게 팔다
147	むちゅうなる	무쮸-나루	열중하다
148	はなを すする	하나오 스스루	코를 훌쩍이다
149	やむを えない	야무오 에나이	하는 수 없다
150	知らぬが 仏	시라누가 호또께	모르는 게 약
151	捨て鉢に なる	스떼바찌니 나루	자포자기하다
152	足を 洗う	아시오 아라우	손을 떼다
153	命あっての 物種	이노찌 앗떼노 모노다네	목숨이 제일이다
154	雀の 涙	스즈메노 나미다	쥐꼬리만한, 새발의 피
155	高根の 花	타까네노 하나	그림의 떡

156	始末を つける _{しまつ}	시마쯔오 츠께루	끝을 내다
157	手に する _て	테니 스루	손에 넣다
158	とてつも ない	토떼쯔모 나이	말도 안 된다, 터무니없다
159	ながい 目で 見る _め _み	나가이 메데 미루	긴 안목으로 보다
160	始末に 負えない _{しまつ} _お	시마쯔니 오에나이	어쩔 도리가 없다
161	ひんしゅくを 買う _か	힌슈꾸오 카우	빈축을 사다
162	尾を 引く _を _ひ	오오 히꾸	영향을 끼치다
163	鰻登り _{うなぎのぼ}	우나기노보리	일이 순조로움
164	猫を 被る _{ねこ} _{かぶ}	네꼬오 카부루	내숭 떨다
165	歯が 浮く _は _う	하가 우꾸	속보이다, 역겹다
166	息が 合う _{いき} _あ	이끼가 아우	호흡이 맞다
167	油が 乗る _{あぶら} _の	아부라가 노루	능률이 나다
168	胸を なでおろす _{むね}	무네오 나데오로스	한시름 놓다

169	口を 切る <small>くち き</small>	쿠찌오 키루	말문을 트다
170	気を 引く <small>き ひ</small>	키오 히꾸	주의를 끌다
171	人を 食う <small>ひと く</small>	히또오 쿠-	무시하다
172	頭が 上がらない <small>あたま あ</small>	아따마가 아가라나이	꼼짝 못하다
173	つむじを まげる	츠무지오 마게루	심술을 부리다
174	すねを かじる	스네오 카지루	부모에게 손 내밀다
175	尻を 叩く <small>しり たた</small>	시리오 타따꾸	채찍질하다
176	口を 出す <small>くち だ</small>	쿠찌오 다스	말참견하다
177	裏目に 出る <small>うら め で</small>	우라메니 데루	역효과가 나다
178	始末が 悪い <small>しまつ わる</small>	시마쯔가 와루이	뒷맛이 찜찜하다
179	目が くらむ <small>め</small>	메가 쿠라무	눈이 멀다
180	目を 向ける <small>め む</small>	메오 무께루	눈을 돌리다
181	胸が 上がる <small>むね あ</small>	무네가 아가루	실력이 향상되다

183	至れり 尽くせり	이따레리 츠꾸세리	극진하다
183	糸を 引く	이또오 히꾸	사주하다
184	心を 奪う	코꼬로오 우바우	마음을 사로잡다
185	やましい ことを する	야마시-고또오 스루	속 보이는 짓을 하다
186	すかを 食う	스까오 쿠-	기대가 어긋나다
187	足が 棒に なる	아시가 보-니 나루	다리가 뻣뻣해지다
188	身を 粉に する	미오 코나니 스루	열심히 일하다
189	肩入れを する	카따이레오 스루	편을 들다
190	手が かかる	테가 카까루	손이 많이 가다
191	根に 持つ	네니 모쯔	꽁하다, 앙심을 품다
192	肩身が 狭い	카따미가 세마이	주눅이 들다
193	間が 悪い	마가 와루이	운이 나쁘다

2
알아듣기 힘든
회화체

01 축약형으로 표현하는 경우

これは	코레와	→ こりゃ	코랴	이것은
それは	소레와	→ そりゃ	소랴	그것은
あれは	아레와	→ ありゃ	아랴	저것은

예문 こりゃ なんだ。   코랴 난다 이게 뭐지?

---

02 「では ありません 데와 아리마셍 → じゃ ありません 쟈 아리마셍」
~이(가) 아닙니다.

이미 배운 바 있지만 「では ありません 데와 아리마셍」은 회화체에서
「じゃ ありません 쟈 아리마셍」이라고 합니다.

예문 これは にせものでは ありません。 코레와 니세모노데와 아리마셍
→ これは にせものじゃ ありません。 코레와 니세모노쟈 아리마셍
이것은 가짜가 아닙니다.

---

03 けど 케도 ~지만, 「けれども 케레도모」의 축약형

예문 することは してみますけど、いっとうは ちょっと。
스루고또와   시떼미마스께도   잇또-와   촛또
해보기는 해보겠지만 1등은 좀.

---

04 どした 도시따 어떻게 할 거야, 「どうするか 도-스루까」의 축약형

예문 いったら どした。 잇따라 도시따 가면 어떻게 할 거야!?

---

05 どして 도시떼 어떻게, 「どうして 도-시떼」의 축약형

예문 どして いるかしら。 도시떼 이루까시라 어떻게 하고 있는지 몰라.

---

06 ~い ~이 ~야?, ~지?, ~냐?

예문 どうしたんだい。 도-시딴다이 어떻게 된 거야?

かれは なにを して いるかい。 카레와 나니오 시떼이루까이
그는 무엇을 하고 있는 거야?

そんなに いいかい。 손나니 이-까이 그렇게 좋으냐?

---

07 ~な(あ) ~나 ~이군, ~이구나?

예문 うつくしいな。 우쯔꾸시-나 예쁘군.

うれしいな。 우레시-나 기쁘군.

りっぱな いえだな。 릿빠나 이에다나 훌륭한 집이군.

---

08 ~た ~따 ~해라

예문 たべた たべた。 타베따 타베따 먹어라, 먹어.

---

09 ~ものか(もんか) ~모노까(몽까) ~할 줄 아니?, ~할 줄 알까 보냐?

> **예문** すしを たべるもんか。　스시오 타베루몽까　초밥을 먹을 줄 아니?
> きみに いくもんか。　키미니 이꾸몽까　너에게 갈 줄 아니?
> そんな ことが あって たまる もんか。
> 손나　고또가　앗떼　타마루　몽까
> 그런 일이 있어서 되겠니?

---

10 ~な ~나 ~하렴, ~하지, ~하자구나

> **예문** こうえんへ いこうな。　코-엥에 이꼬-나　공원에 가렴.
> はやく たべような。　하야꾸 타베요-나　빨리 먹으렴.

---

11 ~っけ ~ㅅ께 ~지?, ~든가?(옛날 일을 회상하면서 그리움을 나타낸다.)

> **예문** そんな ことも あったっけ。　손나 고또모 앗땃께　그런 일도 있었지?
> それを みたっけ。　소레오 미땃께　그걸 봤던가?
> むかしは ここが あそびばだっけ。
> 무까시와　코꼬가　아소비바닷께
> 옛날에는 여기가 놀이터였지.

---

12 ~てね ~떼네 ~요?, 네?

> **예문** あしたの ごごまで きてね。　아시따노 고고마데 키떼네
> 내일까지 와요. 네?

---

13 ~してる ~시떼루 ~하고 있다

예문 ねっしんに べんきょうしてる。 넷신니 벵꾜-시떼루
열심히 공부하고 있다.

---

14 ~ちゃうんですか ~ 쨔운데스까 ~해 버릴 겁니까?

예문 いれちゃうんですか。 이레쨔운데스까 넣어버릴 겁니까?
みんな たべちゃうんですか。 민나 타베쨔운데스까
모두 먹어버릴 겁니까?

---

15 ~てんの ~뗀노 ~하고 있냐?, 「て いるの 떼 이루노」의 축약형

예문 いままで ねてんの。 이마마데 네뗀노 지금까지 자고 있냐?

---

16 ~しなきゃ いかん ~시나꺄 이깡 ~하지 않으면 안 된다,
「しなければ いかない 시나께레바 아까나이」의 축약형

예문 はやく しあげしなきゃ いかん。 하야꾸 시아게시나꺄 이깡
빨리 하지 않으면 안돼.

---

17 ~でしょ ~데쇼 ~겠죠, 「でしょう 데쇼-」의 준말

예문 うつくしいでしょ。 우쯔꾸시-데쇼 아름답겠죠.

---

18 ~どころか ～도꼬로까 ~라니 천만에, ~커녕

> 예문 こいびとどころか。 코이비또도고로까 애인이라니 천만에
>
> カメラ どころか パンも かえない せいかつだ。
> 카메라 도꼬로까 팡모 카에나이 세-까쯔다
> 카메라는커녕 빵도 살 수 없는 생활이다.

19 ~って ㅅ떼 ~이란, ~이라는 것은

> 예문 びょういんって こわいでしょ。 뵤-인떼 코와이데쑈
> 병원이라는 것은 무섭죠!?

20 ~ちゃ 쨔 ~하면, 「~たら」의 준말

> 예문 いっちゃ わるいすか。 잇쨔 와루이스까 가면 안 됩니까?

21 ~ね ～네 ~이군요

> 예문 おいしいですね。 오이시-데스네 맛있군요.

22 ~て, ~って ～떼, ～ㅅ떼 ~어요?, ~여요? (여성들이 주로 쓴다)

> 예문 あまり お飲みになって。 아마리 오노미니낫떼 너무 마셨어요?

23 ~ちゃえ ～쨔에 ~해버리자

> 예문 たべちゃえ。 타베쨔에 먹어버리자

24 すまんが 스망가 미안하지만

예문 **すまんが あの リモ―コン たのむ。**
스망가　　아노　리모-콩　　　타노무
미안하지만 저 리모콘 좀 갖다 줘.

25 ~に なっちゃって ~니 낫짯떼 ~해, ~되어버려서

예문 **梅雨に なっちゃって 大変だ。** 츠유니 낫짯떼 타이헨다
장마가 돼버려서 큰일이다.

26 ~よ ~요 ~예요, ~요

예문 **早く 食べなさいよ。** 하야꾸 타베나사이요　빨리 먹어요.

これは 私のよ。 코레와 와따시노요　이것은 제 것이에요.

27 ものの 모노노 ~지만

예문 **勉強は したものの、結果は ちょっと。**
벵꾜-와　시따모노노　켓까와　촛또
공부는 했지만 결과는 좀.

28 ~た(だ)っけ ~따(다)ㅅ께 ~지?

예문 **その 事件が いつだっけ。** 소노 지껭가 이쯔닷께
그 일이 언제였지!?

29 ~との ～또노　～라고 하는

> 예문 合格との 電話ですよ。　고-까꾸또노 뎅와데스요
>
> 합격이라는 전화예요

---

30 ~だの ～다노　～하느니

> 예문 いいだの いやだの。　이-다노 이야다노　좋으니 싫으니

---

31 だけど 다께도 그렇지만, 「だけれども 다께레도모」의 준말

> 예문 ここだけどね。　코꼬다께도네　여기지만 말이지.

---

32 すいません(すみません) 스미마셍　미안합니다

> 예문 おそくなって すいません。　오소꾸 낫떼 스미마셍
>
> 늦어서 죄송합니다.

---

33 ~わい ～와이　～군

> 예문 この ラーメン うまいわい。　코노 라-멩 우마이와이
>
> 이 라면 맛있군.

---

34 ~もんか ～몽까　～할까 보냐?

> 예문 それを 買うもんか。　소레오 카우몽까　그걸 살까 보냐?

---

35 ~かい ~까이 ~냐?, ~지?

예문 **そんなに いいかい。** 그렇게 좋으냐?
손나니　　　이-까이

36 ~さ ~사 ~야, ~란 말이야?

예문 **いったい かれは だれさ。** 도대체 그는 누구야?
잇따이　　　카레와　　다레사

37 ~ぞ ~조 ~야, ~할테다, ~단말야겠다

예문 **おそいぞ、早く 行こ。** 늦겠다. 어서 가자.
오소이조　　하야꾸　이꼬

38 ~んだって ~ㄴ닷떼 ~라고 한다

예문 **うつくしいんだって。** 아름답다고 한다.
우쯔꾸시인닷떼

39 ~ことよ ~코또요 ~요

예문 **どの スポーツでも いいことよ。** 어느 스포츠라도 좋아요.
도노　스뽀-쯔데모　　이-고또요

40 ~ばこそ ~바꼬소 ~하다니 천만에

예문 **また 飲まばこそ。** 또 마시다니 천만에.
마따　노마바꼬소

3
생활용어

3 생활용어

01 월(月)

001	睦月(むつき)	무쯔끼	1月
002	如月(きさらぎ)	키사라기	2月
003	弥生(やよい)	야요이	3月
004	卯月(うづき)	우즈끼	4月
005	早月(さつき)	사쯔끼	5月
006	水月(みなづき)	미나즈끼	6月
007	文月(ふみづき)	후미즈끼	7月
008	葉月(はづき)	하즈끼	8月
009	長月(ながつき)	나가쯔끼	9月
010	神奈月(かんなづき)	칸나즈끼	10月
011	霜月(しもつき)	시모쯔끼	11月
012	師走(しわす)	시와스	12月

02 조미료

013	醤油(しょうゆ)	쇼-유	간장
014	塩(しお)	시오	소금
015	砂糖(さとう)	사또-	설탕
016	味噌(みそ)	미소	된장
017	酢(す)	스	식초
018	ごまあぶら	고마아부라	참기름
019	油(あぶら)	아부라	기름
020	味(あじ)の元(もと)	아지노모또	조미료
021	からし	카라시	겨자
022	みりん	미링	미림

03 채소

023	白菜(はくさい)	학사이	배추
024	大根(だいこん)	다이꽁	무
025	ねぎ	네기	파
026	たまねぎ	타마네기	양파
027	じゃがいも	쟈가이모	감자
028	さつまいも	사쯔마이모	고구마
029	かぼちゃ	카보쨔	호박
030	大蒜(にんにく)	닝니꾸	마늘
031	人参(にんじん)	닌징	당근
032	もやし	모야시	콩나물

04 조리법

033	沸(わ)かす	와까스	끓이다
034	茹(ゆ)でる	유데루	데치다, 삶다
035	揚(あ)げる	아게루	튀기다
036	焼(や)く	야꾸	굽다, 태우다
037	むす	무스	찌다
038	切(き)る	키루	자르다
039	煎(い)る	이루	볶다, 지지다
040	煎(せん)じる	센지루	(약이나 차를)다리다
041	炊(た)く	타꾸	(밥을)짓다
042	盛(も)る	모루	(그릇에)담다

05 곡물

043	米(こめ)	코메	쌀
044	麦(むぎ)	무기	보리
045	小麦(こむぎ)	코무기	밀
046	小豆(あずき)	아즈끼	팥
047	大豆(だいず)	다이즈	콩
048	粟(あわ)	아와	조
049	黍(きび)	키비	수수
050	蕎麦(そば)	소바	메밀
051	緑豆(りょくとう)	료뀨또-	녹두
052	玉蜀黍(とうもろこし)	토-모로꼬시	옥수수

06 과일

053	りんご	링고	사과
054	梨(なし)	나시	배
055	みかん	미깡	귤
056	桃(もも)	모모	복숭아
057	すいか	스이까	수박
058	苺(いちご)	이찌고	딸기
059	まくわうり	마꾸와우리	참외
060	柿(かき)	카끼	감
061	葡萄(ぶどう)	부도-	포도
062	杏(あんず)	안즈	살구
063	李(すもも)	스모모	자두(나무)
064	バナナ	바나나	바나나

07 조리도구

065	スプーン	스푸-ㅇ	스푼
066	匙(さじ)	사지	숟가락
067	箸(はし)	하시	젓가락
068	皿(さら)	사라	접시
069	鍋(なべ)	나베	냄비
070	かご	카고	바구니
071	ナイフ	나이후	나이프
072	釜(かま)	카마	밥솥
073	フォーク	훠쿠	포크
074	茶碗(ちゃわん)	챠왕	밥공기
075	やかん	야깡	주전자
076	包丁(ほうちょう)	호-쬬-	부엌칼
077	俎(まないた)	마나이따	도마
078	おぼん	오봉	쟁반

079	フライパン	후라이팡	프라이팬
080	ひしゃく	히샤꾸	국자
081	さかずき	사카즈끼	잔(술잔)
082	電気釜(でんきがま)	뎅끼가마	전기밥솥
083	割箸(わりばし)	와리바시	나무젓가락
084	平鉢(ひらばち)	히라바찌	대접
085	器(うつわ)	우쯔와	그릇
086	布巾(ふきん)	후낑	행주
087	笊(ざる)	자루	소쿠리
088	カップ	캇푸	손잡이 달린 컵
089	コップ	콧푸	손잡이 없는 컵
090	グラス	그라스	유리컵

08 생선

091	鯖(さば)	사바	고등어
092	鰆(さわら)	사와라	삼치
093	秋刀魚(さんま)	삼마	꽁치
094	太刀魚(たちうお)	타찌우오	갈치
095	烏賊(いか)	이까	오징어
096	なまず	나마즈	메기
097	ふな	후나	붕어
098	ふぐ	후구	복어
099	石持(いしもち)	이시모찌	조기
100	明太(めんたい)	멘따이	명태
101	鱈(たら)	타라	대구
102	鯛(たい)	타이	도미

09 어패류 · 해조류

103 貝（かい）	카이	조개
104 蜆（しじみ）	시지미	바지락
105 栄螺（さざえ）	사자에	소라
106 あさり	아사리	모시조개
107 鳥貝（とりがい）	토리가이	새조개
108 貽貝（いがい）	이가이	홍합
109 あおのり	아오노리	파래
110 海苔（のり）	노리	김
111 はまぐり	하마구리	대합
112 かき	카끼	굴
113 あわび	아와비	전복
114 若芽（わかめ）	와까메	미역
115 こんぶ	콤부	다시마

10 기타

116	鯨(くじら)	쿠지라	고래
117	鮫(さめ)	사메	상어
118	鰊(にしん)	니싱	청어
119	金魚(きんぎょ)	킹교	금붕어
120	泥鰌(どじょう)	도죠-	미꾸라지
121	蝦(えび)	에비	새우
122	鮟鱇(あんこう)	앙꼬-	아귀
123	わかさぎ	와까사기	빙어
124	鮪(まぐろ)	마구로	다랑어
125	鯉(こい)	코이	잉어
126	なまこ	나마꼬	해삼
127	ほや	호야	멍게
128	蟹(かに)	카니	게

11 동물

129	牛(うし)	우시	소
130	馬(うま)	우마	말
131	豚(ぶた)	부따	돼지
132	像(ぞう)	조-	코끼리
133	猿(さる)	사루	원숭이
134	熊(くま)	쿠마	곰
135	猫(ねこ)	네꼬	고양이
136	犬(いぬ)	이누	개
137	兎(うさぎ)	우사기	토끼
138	鹿(しか)	시까	사슴
139	しし	시시	사자
140	とら	토라	호랑이
141	ひょう	효-	표범
142	きりん	키링	기린

143	にわとり	니와또리	닭
144	ペンギン	펭킹	펭귄
145	羊(ひつじ)	히쯔지	양
146	あおがえる	아오가에루	청개구리
147	亀(かめ)	카메	거북이
148	蛇(へび)	헤비	뱀
149	狐(きつね)	키쯔네	여우
150	狼(おおかみ)	오-까미	이리
151	ろば	로바	당나귀
152	りす	리스	다람쥐
153	山羊(やぎ)	야기	산양
154	しまうま	시마우마	얼룩말

12 새

155	燕(つばめ)	츠바메	제비
156	雀(すずめ)	스즈메	참새
157	鳩(はと)	하또	비둘기
158	雁(がん)	강	기러기
159	鵲(かささぎ)	카사사기	까치
160	わし	와시	독수리
161	きじ	키지	꿩
162	つく	츠꾸	부엉이
163	鶴(つる)	츠루	학
164	鴨(かも)	카모	오리
165	隼(はやぶさ)	하야부사	매
166	こうもり	코-모리	박쥐
167	烏(からす)	카라스	까마귀

13 곤충

168	蟻(あり)	아리	개미
169	か	카	모기
170	蠅(はえ)	하에	파리
171	とんぼ	톰보	잠자리
172	蝶(ちょう)	쵸-	나비
173	蜘蛛(くも)	쿠모	거미
174	蜂(はち)	하찌	벌
175	蟬(せみ)	세미	매미
176	みみず	미미즈	지렁이
177	かげろう	카게로-	하루살이
178	こおろぎ	코오로기	귀뚜라미
179	蛾(が)	가	나방
180	油虫(あぶらむし)	아부라무시	바퀴벌레

14 나무

181	松(まつ)	마쯔	소나무
182	竹(たけ)	타께	대나무
183	桜(さくら)	사꾸라	벚꽃
184	楓(かえで)	카에데	단풍나무
185	椿(つばき)	츠바끼	동백나무
186	桑(くわ)	쿠와	뽕나무
187	欅(けやき)	케야끼	느티나무
188	銀杏(いちょう)	이쬬-	은행나무
189	木蓮(もくれん)	모꾸렝	목련
190	柳(やなぎ)	야나기	버드나무
191	きり	키리	오동나무
192	くぬぎ	쿠누기	상수리나무
193	まさき	마사끼	사철나무
194	うるし	우루시	옻나무

195	ときわぎ	토키와기	상록수
196	ポプラ	포푸라	미루나무
197	ラワン	나왕	나왕
198	もみ	모미	전나무
199	木槿(むくげ)	무꾸게	무궁화
200	藤(ふじ)	후지	등나무
201	麻(あさ)	아사	삼
202	芦(あし)	아시	갈대
203	杉(すぎ)	스기	삼목
204	つげ	츠게	회양목
205	からまつ	카라마쯔	낙엽송
206	桧(ひのき)	히노끼	노송나무

15 꽃

207	薔薇(ばら)	바라	장미
208	菊(きく)	키꾸	국화
209	百合(ゆり)	유리	백합
210	向日葵(ひまわり)	히마와리	해바라기
211	連翹(れんぎょう)	렝교-	개나리
212	朝顔(あさがお)	아사가오	나팔꽃
213	コスモス	코스모스	코스모스
214	蒲公英(たんぽぽ)	탐뽀뽀	민들레
215	牡丹(ぼたん)	보땅	모란
216	水仙(すいせん)	스이셍	수선화
217	つつじ	츠쯔지	철쭉
218	えぞぎく	에조기꾸	과꽃
219	かすみそう	카스미소-	안개꽃
220	海棠(かいどう)	카이도-	해당화

221	すみれ	스미레	제비꽃
222	あまなぐさ	아마나구사	일본할미꽃
223	鶏頭(けいとう)	케이또-	맨드라미
224	たちあおい	타찌아오이	접시꽃
225	撫子(なでしこ)	나데시꼬	패랭이꽃
226	蓮華草(れんげそう)	렝게소-	자운영
227	アカシア	아카시아	아카시아
228	プラタナス	푸라타나스	플라타너스
229	チューリップ	츄-릿푸	튜울립
230	クローバ	쿠로-바	클로버
231	綿(わた)	와따	목화
232	柏(かしわ)	카시와	떡갈나무
233	エーデルワイス	에-데루와이스	에델바이스

16 가족(자기 가족을 남에게 소개할 때)

234	父(ちち)	치찌	아버지
235	母(はは)	하하	어머니
236	祖父(そふ)	소후	할아버지
237	祖母(そぼ)	소보	할머니
238	兄(あに)	아니	형, 오빠
239	姉(あね)	아네	언니, 누나
240	妹(いもうと)	이모-또	여동생
241	弟(おとうと)	오또-또	남동생
242	主人(しゅじん)	슈징	남편
243	妻(つま)	츠마	처

17 가족(남의 가족을 말할 때, 요즘은 자기 가족을 말할 때도 이렇게 부르는 추세임)

244	お父(とう)さん	오또–상	아버님
245	お母(かあ)さん	오까–상	어머님
246	お祖父(じい)さん	오지–상	할아버님
247	お祖母(ばあ)さん	오바–상	할머님
248	お兄(にい)さん	오니–상	형, 오빠
249	お姉(ねえ)さん	오네–상	언니, 누나
250	妹(いもうと)さん	이모–또상	여동생
251	弟(おとうと)さん	오또–또상	남동생
252	ご主人(しゅじん)	고슈징	남편
253	奥(おく)さん	옥상	처

18 가족

254	両親(りょうしん)	료-싱	양친
255	祖先(そせん)	소셍	조상
256	親戚(しんせき)	신세끼	친척
257	姻戚(いんせき)	인세끼	사돈
258	おやじ	오야지	아버지 (아버지를 친근하게 부를 때)
259	おふくろ	오후꾸로	어머니 (어머니를 친근하게 부를 때)
260	孫(まご)	마고	손자
261	孫娘(まごむすめ)	마고무스메	손녀

19 색

262	赤色(あかいろ)	아까이로	빨강
263	青色(あおいろ)	아오이로	파랑
264	黄色(きいろ)	키이로	노랑
265	茶色(ちゃいろ)	챠이로	갈색
266	黒色(くろいろ)	쿠로이로	검정
267	紺色(こんいろ)	콩이로	감색, 남색
268	緑色(みどりいろ)	미도리이로	녹색
269	藍色(あいいろ)	아이이로	남색
270	灰色(はいいろ)	하이이로	회색
271	紫色(むらさきいろ)	무라사끼이로	보라색
272	紅色(べにいろ)	베니이로	다홍색
273	鼠色(ねずみいろ)	네즈미이로	쥐색
274	オレンジ	오렌지	오렌지
275	みる茶(ちゃ)	미루쨔	녹갈색

20 외래어

276	ハンドバッグ	한도밧구	핸드백
277	タクシー	타쿠시-	택시
278	スキー	스키-	스키
279	ピアノ	피아노	피아노
280	コーヒー	코-히-	커피
281	ネクタイ	네쿠타이	넥타이
282	セーター	세-타-	스웨터
283	スポーツ	스포-츠	스포츠
284	ビジネス	비지네스	비즈니스
285	レポート	레포-토	레포트
286	スタイル	스타이루	스타일
287	サンドイッチ	산도잇치	샌드위치
288	テーブル	테-부루	테이블
289	デザイナー	데자이나-	디자이너

290	ニュース	뉴-스	뉴스
291	ピクニック	피쿠닛쿠	피크닉
292	シャッター	샷타-	셔터
293	ベッド	벳도	침대
294	チーム	치-무	팀
295	マッチ	맛치	성냥
296	ドライブ	도라이부	드라이브
297	マラソン	마라송	마라톤
298	メニュー	메뉴-	메뉴
299	アルバム	아루바무	앨범
300	フィルム	휘루무	필름
301	クリスマス	쿠리스마스	크리스마스
302	ビル	비루	빌딩
303	ビール	비-루	맥주
304	クラス	쿠라스	클래스

21 나라

305	アメリカ	아메리카	미국
306	イタリア	이타리아	이탈리아
307	エジプト	에지푸토	이집트
308	ベルギー	베루기-	벨기에
309	ブラジル	부라지루	브라질
310	スイス	스이스	스위스
311	イギリス	이기리스	영국
312	インドネシア	인도네시아	인도네시아
313	インド	인도	인도
314	イラン	이랑	이란
315	トルコ	토루코	터키
316	フィランド	휜란도	핀란드
317	ギリシア	기리시아	그리스
318	シンガポール	싱가포-루	싱가포르

22 신체

319	頭(あたま)	아따마	머리
320	手(て)	테	손
321	足(あし)	아시	다리
322	目(め)	메	눈
323	鼻(はな)	하나	코
324	口(くち)	쿠찌	입
325	胸(むね)	무네	가슴
326	腕(うで)	우데	팔
327	首(くび)	쿠비	목
328	背中(せなか)	세나까	등
329	膝(ひざ)	히자	무릎
330	額(ひたい)	히따이	이마
331	肌(はだ)	하다	피부
332	眉(まゆ)	마유	눈썹

333	眉毛(まゆげ)	마유게	겉눈썹
334	睫(まつげ)	마쯔게	속눈썹
335	瞳(ひとみ)	히또미	눈동자
336	鼻(はな)の下(した)	하나노 시따	인중
337	耳朶(みみたぶ)	미미따부	귓불
338	頰桁(ほおげた)	호-게따	광대뼈
339	脇(わき)	와끼	겨드랑이
340	臍(へそ)	헤소	배꼽
341	前歯(まえば)	마에바	앞니
342	奥歯(おくば)	오꾸바	어금니
343	鬼歯(おにば)	오니바	덧니(=やえば)
344	白髪(しらが)	시라가	흰머리
345	若白髪(わかしらが)	와까시라가	새치
346	手首(てくび)	테꾸비	손목
347	足首(あしくび)	아시꾸비	발목

348	手指(てゆび)	테유비	손가락
349	足指(あしゆび)	아시유비	발가락
350	親指(おやゆび)	오야유비	엄지
351	人指指(ひとさしゆび)	히또사시유비	검지
352	中指(なかゆび)	나까유비	중지
353	薬指(くすりゆび)	쿠스리유비	약지
354	小指(こゆび)	코유비	새끼손가락
355	脊髄(せきずい)	세끼즈이	척추
356	脳(のう)	노-	뇌
357	肺臓(はいぞう)	하이조-	폐
358	心臓(しんぞう)	신조-	심장
359	腎臓(じんぞう)	진조-	신장

23 자연

360	山(やま)	야마	산
361	海(うみ)	우미	바다
362	川(かわ)	카와	강
363	森(もり)	모리	숲
364	空(そら)	소라	하늘
365	土(つち)	츠찌	땅
366	丘(おか)	오까	언덕
367	坂(さか)	사까	고개
368	坂道(さかみち)	사까미찌	비탈길
369	岸(きし)	키시	벼랑

24 날씨

370	雨(あめ)	아메	비
371	雪(ゆき)	유끼	눈
372	風(かぜ)	카제	바람
373	雲(くも)	쿠모	구름
374	霜(しも)	시모	서리
375	霧(きり)	키리	안개
376	雷(かみなり)	카미나리	천둥
377	稲妻(いなづま)	이나즈마	번개
378	つらら	츠라라	고드름
379	雹(ひょう)	효-	우박
380	梅雨(つゆ)	츠유	장마
381	小雨(こさめ)	코사메	가랑비
382	雨雲(あまぐも)	아마구모	비구름
383	春雨(はるさめ)	하루사메	봄비

384	冷雨(れいう)	레-우	찬비
385	ぬかあめ	누까아메	가랑비
386	ひでりあめ	히데리아메	여우비
387	いんう	잉우	구질구질하게 내리는 비
388	霧雲(きりぐも)	키리구모	안개구름
389	綿雲(わたぐも)	와따구모	뭉게구름
390	雷雲(らいうん)	라이웅	소나기구름
391	陰雲(いんうん)	잉웅	먹구름
392	巻雲(まきぐも)	마끼구모	새털구름
393	くもあし	쿠모아시	얇게 뜬 구름
394	氷(こおり)	코-리	얼음
395	夕(ゆう)やけ	유-야께	저녁놀

25 도구

396	鉛筆(えんぴつ)	엠삐쯔	연필
397	筆(ふで)	후데	붓
398	鋏(はさみ)	하사미	가위
399	のり	노리	풀
400	定規(じょうぎ)	죠-기	자
401	針金(はりがね)	하리가네	철사
402	えのぐ	에노구	그림물감
403	硯(すずり)	스즈리	벼루
404	ちり箱(ばこ)	치리바꼬	쓰레기통
405	柱時計(はしらどけい)	하시라도께-	괘종시계
406	ほうき	호-끼	빗자루
407	腕時計(うでどけい)	우데도께-	손목시계
408	目覚(めざ)まし時計(どけい)	메자마시도께-	자명종
409	如雨露(じょうろ)	죠-로	조루, 물뿌리개

index

한글로 찾아보기

ㄱ

ㅅ

ㅈ

ㅊ